华夏文库·儒学书系

理学开山祖师

周敦颐

王亦然 著

大地传媒　中州古籍出版社

《华夏文库》发凡

毫无疑问，每一个时代都有属于自己时代的精神追求、文化叩问与出版理想。我们不禁要问，在 21 世纪初叶，在全球文明交融的今天，在信息文明的发轫初期，作为一个中国出版人，我们正在或者将要追求什么？我们能够成就或奉献什么？我们以何种方式参与全球化时代的文化传播进程？在一连串的追问下，于是，有了这套《华夏文库》的出版。

自信才能交融。世界各大文明在坚守自身文化个性的同时，不约而同地加快了探视其他文化精神内涵的步伐，世界不同文明正在朝着了解、交流、碰撞、借鉴与融合的方向前进。在此背景下，建立自身的文化自信，正是与世界各文明民族进行文化交流的基本要求。五千年中华文明与文化正在不断地被其他文明所发现、所挖掘、所认知，汉语言正在生长为世界语言，儒文化正在世界各地生根发芽。

借助这样一种正在成长着的文化自信、自觉、开放、亲和之力，用我们这个时代的学术眼光全面系统梳理中华五千年的文明与文化，向其他各大文明与文化圈正面展示自我，让中华优秀文化成为世界文化的重要组成部分，正是我们出版这套文库的目的之一。此其一。

知己才能知彼。身处五千年文化浸润的今天，重新思考我们先人的人生思考、价值思考与哲学思考，找到一个民族、一个国家的价值所在、立命所在、安身所在，这已经是我们这个时代的学人与出版人不得不再思考的问题。作为中华文明的一分子，我们在思考的同时，还必须了解我们的先人创造了如何优秀的精神文明与物质文明以及社会文明。只有熟知自己的文化，热爱自己的文化，悟明自己的文化，我们才能宣说自己、弘扬自己、光大自己。因此，我们策划组织这套《华夏文库》的初衷，还在于让当下的知识青年全面系统瞭望中华文明与文化的全景，并借此能够对更为深广的世界各民族文化提供一个比较认知的基础。此其二。

顺势才能有为。我们正处在农耕文明、工业文明、信息文明的交汇处，信息文明带领我们从读纸时代进入读屏时代，以智能手机屏幕为代表的书籍呈现方式正在与纸质书籍争夺阅读时间与空间。我们正在领悟数字技术，正在以信息文明的视角，去整理、分析和研究农耕文明与工业文明的文化遗产，不仅仅是为了唤醒优秀的传统文化，我们还在生发和原创着当今时代的文化。由此，我们试图架起一座桥梁——由纸质呈现而数字呈现，由数字呈现而纸质呈现，以多媒介的书籍呈现方式，将文字、图像、声音与视频四者结合，共同筑成《华夏文库》以奉献给信息文明时代的新读者。此其三。

总之，这是一套——专家大家名家写小书；以最小的阅读单元，原创撰写中华精神文化、物质文化与社会文明系列主题与专题；以图文、音视频多媒介呈现的方式，全面介绍与传播中华文明与优秀文化，系统普及与推介中华文明与文化知识；主旨是为了让世界与中国共同了解中国的——大型丛书，借此，复兴文化，唤起精神，融入世界。

耿相新
2013 年 6 月 27 日

目录

引言

一 宋初气象

1 时局清明,边患暂息 ………………………… 6
2 进士轻薄,经学锢蔽 ………………………… 11
3 学术芜乱,佛老流行 ………………………… 18
4 熙丰改制,元祐党争 ………………………… 24

二 周子其人

1 清粹渊博,年少名盛 ………………………… 31
2 行修才敏,所过皆治声 ……………………… 40
3 雅意林壑,游好群流 ………………………… 49

三　濂学脉络

　　1　志效伊尹，学宗颜渊 ·················· 72

　　2　明诚知几，修身进德 ·················· 81

　　3　主静无欲，继天立极 ·················· 88

　　4　复礼归仁，教化亿兆 ·················· 103

结语

小知识目录

颜子好学	8
汉学	15
王与霸	28
五行	36
理学发展史	46
理学与道家渊源	65
佛学的理路	68
好学的本质	78
龙树菩萨与大乘佛教	86
践形	100
儒与佛之不同	101
三纲	105

引 言

夏初时节,南风盈怀,单衣不冷。湖湘地区的荷花已从水面上挺拔而出,清风过处,叶叶动摇着高贵的风姿。宋神宗熙宁元年(1068年),宋朝开国已逾百年,一代士人正在为国家的出路刻苦求索。而次年兴起的一场改制风潮使"熙宁"这个年号成为两宋历史上一块无

周敦颐画像
周敦颐(1017～1073年),原名敦实,字茂叔,后来因为避宋英宗的旧讳而改名敦颐。他晚年在庐山莲花峰下傍水而筑"濂溪书堂"定居,所以世人亲切地称他为"濂溪先生";而出于对他学问的敬爱,后代儒者又尊他为"周子"。是学术界公认的宋明理学开山鼻祖

法开释的郁结。

比起激流中的一时朝臣,一生宦游四方、此时暂时知任邵州的周敦颐,其内心则要平静得多。

这一日,52岁的周敦颐闲坐在窗边读书,浑然忘却了季节。

正如他在诗中所写的:

双双瓦雀行书案,点点杨花入砚池。
闲坐小窗读周易,不知春去几多时。

窗前的杂草,周敦颐从来也不除去,一任其芜乱自生。旁人不解,他只是回答,"与自家意思一般",也就是说,君子可以由此观看到天地生养万物的胸怀——在那一丛茂盛草木之中,天地便不多不少地

濂溪书院
在古代,许多地方都设有濂溪书院,以纪念并承续周敦颐讲学兴教的盛举

展示出君子自强不息的德性。

此前不久，周敦颐主持重修的邵州州学落成，他写下两篇《释菜文》祭祀先圣孔子与先师颜渊。而多年前，当年少懵懂的程颢、程颐二兄弟还只知道求取功名的时候，曾受父亲之命向他求学。他留给二程一个问题："孔颜乐处，所乐何事？"二程遂带着这样的省思，打开了他们平生学问的源头。周敦颐在《通书·颜子篇》中写道：颜子每日生活朴素，只是一箪食、一瓢饮，住在陋巷。别人在这种境况下已是不堪其忧，可是颜子却不改其乐。人们都热衷于富贵，唯独颜子不爱不求，甘于过清贫的日子，这是怎样的心境呢？原来在这世界上，尚有更加纯粹和高贵、更加值得追求的所在，它让一度浑沦盲目的生命趋于饱满，让本可能微不足道的人格从此掷地有声，它让人出离了市侩的卑琐、俗务的冗杂，从而可以快然自足地在更高层次的生活中挺立起来。相形之下，嘉肴旨酒、华服香车也便黯然失色，丝毫不被君子挂在心上。而当人有了这种更高远的追求，也便在不知不觉间"乐而忘食，发愤忘忧"，像颜子那样旷达、安泰了。

周敦颐仰赞颜子的话，其实也是他自身的写照。他的举世名篇《爱莲说》即写出了君子那饱满的生命、清健的人格。在他之后，莲花才成了君子的象征。

南宋朱子有诗说：

闻道移根玉井旁，花开十里

颜回

选自《孔门七十二贤像传》，上海文庙管理处编，戴敦邦、周一新绘。颜回，字子渊，诚笃好学，是孔子最好的弟子

引言 | 3

不寻常。

月明露冷无人见,独为先生引兴长。

儒家所谓的"道",并不是某种玄远无归、高不可及的奥物,而是在平常之间皆可观见的、有所具体的理则,它因人的积极作为而昭彰起来。周敦颐的身上即存在着这种"道"。此外,他以明睿的洞见,由《易传》中的理论将"道"说向形而上的本体。而更为重要的是,他将这种道理与修身进德的联系阐明无余。孔子曾说:"天何言哉?四时行焉,百物生焉。"而周敦颐将上天的无言之言"翻译"成一套为人的道理,载于遗作《太极图说》和《通书》中。而这套理论经后世儒者的传承、丰富,成为士人向天学习的途径。因此百年之后,朱子在缅怀其遗像时,深情地写下一篇赞诗:

潘冷残国画:荷香
我国清末民初画家潘达微(1880～1929年)的作品。作者是当时一位激进的爱国志士,这幅画很好地表现了荷花的傲骨

道丧千载,圣远言湮。
不有先觉,孰开我人?
书不尽言,图不尽意。
风月无边,庭草交翠。

一　宋初气象

1. 时局清明，边患暂息

周敦颐生于宋真宗天禧元年（1017年）——宋朝开国的第五十七年，也是澶渊之盟缔结后的第十三年。

宋初，四海之内蔓延百余年的黑暗被廓清。

自中唐以来，藩镇割据，寇乱频仍，政事一日比一日荒颓，民生一日比一日惨淡。接下来的五代，遂彻底沦为一个尊严扫地、人道穷绝的时期。五代君臣有许多荒淫暴虐之辈。在这些暴君之中，恶名最为久远的要属"儿皇帝"石敬瑭。他本是后唐的河东节度使，驻兵防范契丹，却因为把持着兵权而成为朝廷的心腹之患。困境之中，石敬瑭跪求契丹灭唐立晋，封自己为皇帝。为此，他认契丹国主耶律德光为父，并割赠燕云十六州以示孝敬。燕云十六州，又称幽云十六州，是今属北京、天津、山西、河北的大片土地，北据重山，南凭沃野，是自古以来中原民族防守北方民族的屏障。十六州的失去，犹如门户宕开，中原国土袒露，时时有兵临城下之患。宋朝建国后，只好在境内深掘河沟，广植林木，以防备骑兵。想要谋求进取，中原又缺乏培养良马的条件。

失地中的汉人，与契丹族杂居，言语渐通，习俗渐同，天长日久，已不复有南顾的念想，反倒成为侵扰宋境的兵源。

宋朝开国的50余年中，历经三代国君的努力，时局终于稳定了起来。朝野富庶而俭约，国家开放而知礼。此时，一些志存高远的读书人开始崭露头角，一方面指纠时弊，酝酿政治上的革新；另一方面兴学执教，培植学术上的自觉。

因"庆历变法"而被尊为政治家的范仲淹，即是真宗大中祥符年

云气中的燕山山脉
在中国华北平原之北，主峰雾灵山海拔高达2118米。它是自古以来的战略要地，如今，以其风光优美成为旅游区

间的进士。其实，他在教育与学术上的付出，意义毫不轻于变法。每当见到志学之人，他必会倾力相助。久之，如同桃下成蹊，许多贤才都曾受过他的扶持或举荐，就连"宋初三先生"——孙复、胡瑗、石介，也无例外。又如提出四句教"为天地立心，为生民立命，为往圣继绝学，为万世开太平"的张载，也是在他的点引下研读《中庸》，从而笃定了对儒学义理的探索。可以说，理学的开创，范仲淹功不可没。

此外，著名的教育家还有胡瑗，世人称之为"安定先生"。程颐早年向周敦颐求学，之后则一直尊胡瑗为师。是胡安定从制度上将宋代的教育导入正轨。

小知识◎颜子好学

东周，先王隆礼作乐、世道文明淳朴的时代一去不返，孔子于是临川而叹"逝者如斯夫"。在许多年的颠沛流离之后，他深知仁道已不能推行于世，于是回归故土，将儒学传续下去。即使在平日讲学时，他也常常怀着"道之不行"的忧虑，而弟子颜渊（名回，字子渊）则承载了他的许多希望。

孔子在卫国时，颜渊服侍在旁，有一次，他们在"匡"这个地方被围困，险些丧生。孔子想到周文王所创制的一代文明，是自己继承了它，如果上天不想扼断这文明的脉息，便一定会庇佑自己渡过险关："天之未丧斯文也，匡人其奈予何？"孔子最终脱险了，却与颜渊失散，他以为颜渊已死，满怀凄凉。之后师生相见时，颜渊说："子在，回何敢死？"然而颜渊没有料到，自己在30多岁时须发尽白，竟先于孔子而死。孔子哭着说:"天丧予!天丧予!"悲痛得竟对自己的悲痛都没有知觉了。

有一次,鲁哀公问孔子:"您的弟子哪一位最好学?"孔子说:"有一位颜渊好学,他如今已死,再也没有好学的了。"颜渊本人,则用"欲罢不能"来描述自己对于学问的领受。正是因为这种"欲罢不能"的学习冲动,颜渊才能够一连几个月都没有一举一动悖离"仁",而孔门的其他弟子只是隔几天、几个月才偶尔达到"仁"。

颜渊的同门师兄子贡,绝顶聪明。他说自己是"闻一知二",可以推类而通;却说颜渊是"闻一知十",从一部分便能推知全体。

颜渊很少参与政事,但是当他向孔子请问如何治国的时候,孔子就表露了自己最高的政治理想:"行夏之时,乘殷之辂,服周之冕,乐则韶舞。放郑声,远佞人。"——夏历以万物初生的时节作为一年之始;殷代的轩车没有过度的文饰,质朴坚实,合乎中道;礼仪制度到周代方才完备;《韶》是舜创作的乐舞,是王道政治的升华,孔子曾称它"尽美矣,又尽善矣"。天下太平之后,那些助长人恶念的音乐和谄佞的坏人都被排斥到远方……

颜渊听了以后,默识心通。他心中隐而未形的理想,被夫子的话点醒了。他曾说:"舜何人也?予何人也?"——如果自己有一天要有所作为,那便是像舜一样,让天下得以安顿。

今天的文庙中有"四配",指的是分列于孔子两侧配享祭祀的四大贤人——复圣颜子、述圣子思、宗圣曾子、亚圣孟子。"复",便是通过刻苦力学而回归"仁"的意思。"四配"在元代之后才形成固定的模式,而在这之前,"亚圣"指的就是颜子。唐宋尊颜子为"亚圣兖国公",所以周敦颐在邵州修学立庙时,独"以兖国公颜子配"。

2. 进士轻薄，经学锢蔽

中国自东周的封建制崩溃后，平民便可以通过两种固定的方式进入政治的上层：一是立军功；二是治经术、修德行。

唐代不断地开边征战，军功奖励丰厚。当时的文人，也都个个意气风发，好功尚武。不仅道骨仙风的李白向往"汉皇按剑起，还召李将军"，就连瘦骨如柴的李贺也高唱"君王今解剑，何处逐英雄"。不幸的是，武人过于膨胀的权利最终导致了盛唐的颠覆。北宋鉴于前朝之失，一开国就裁抑武人的兵权，军队不是由地方上招募，而是由国家培养。北宋征战的机会并不多，却因为边防问题，不得不大量养兵。兵士在安逸的环境中腐败堕落，蠹空国力。到后来，全国大半收入都用在了养兵上。这即是"冗兵"现象。

除了"冗兵"，还有"冗官"。

唐代科举方兴，取士途径有了很大的改变。唐代之前纸张贵重，又没有印刷术，一般人家读书并非易事，那些读书治经的学者，可以把学术（连带入仕的机会）"世袭"给后代。而随着政教的推进、技术的发展，读书成为越来越普遍的事。到隋唐，政府已经可以直接通过考试从全国上下选拔人才了。

北宋，国家接手了一个五代遗留的烂摊子，急需人才来重建，但教育的长期缺席又让国中无才可举——当时门第衰微，经籍零散，校舍荒疏，学术凋敝，那些不计功名、心怀天下、真正想要读书的寒门士子，只好寄居在寺院里发奋。范文正公、安定先生都曾有过这样的经历。而寺院里的读书人，若没有笃定的志气，往往就出家了。这时的政府，就像一个人口渴难耐，却只有海水可以喝，而越喝越渴，乃至生病。科举及第的人，即便无德无能，也要给安排官职。官员薪俸优厚，高官还可以通过一种叫做"荫补"的制度保送其后代、朋辈做官。于是宋代人创立的那一套官制，足以编一本厚厚的大词典。引言里提到的《释菜文》，起首要写明身份，周敦颐的身份是："朝奉郎尚书驾部员外郎通判永州军州监管内劝农事权发遣邵州军州事上骑都尉赐绯鱼袋周敦颐……"由此可以推想宋代的官制何等臃肿。许多职位有名无实，许多官员有禄无事，坐食人民血汗不说，还大大降低了政事的效率。庆历新政未能推行，便是碍于这些人的阻力。这种现象，就是"冗官。"

于是政府号召人们读书。但是，举国读书，却未必都明白读书的意义。许多人不曾想到弘道、安民、继绝学、平天下之类的大事，读书只是向着自己的前途和"钱途"迈进。宋真宗"书中自有黄金屋""书中自有颜如玉"这类话，至今被人津津乐道。然而这样的鼓励却是教人往名利奔去，难怪有见识的人会感叹"进士轻薄"。

"进士轻薄"，当然也和科举的内容有关。科举之初，"明经"科多是凭记诵本领，文人雅士不屑一顾；"进士"科，则主要是考诗赋和策论。策论，指的是对历史人事作评议，或者为政治问题出对策。

进士们要么是风花雪月、典故文藻，要么是高谈阔论，刻意标新，于是便有许多人站出来指责"进士轻薄"。教育者以功利教人，没有尊严；学习者恃智矜才，举目无师。柳宗元说，当时的人对师道的诧异，就像蜀犬吠日一样。韩愈的《师说》，也是在这种情况下作出来的。

宋代，王安石将进士科的考试内容改为经义和时务。学者不仅要熟读经籍，还要探寻经中内在的道理，通经致用。可事后他却叹息说，本想把学究变成秀才，却不料把秀才变成了学究——上不达天理，下不接人事，读经也是枉然。

经学家研究五经的目的，在于认识与安顿天下，推行一种导民

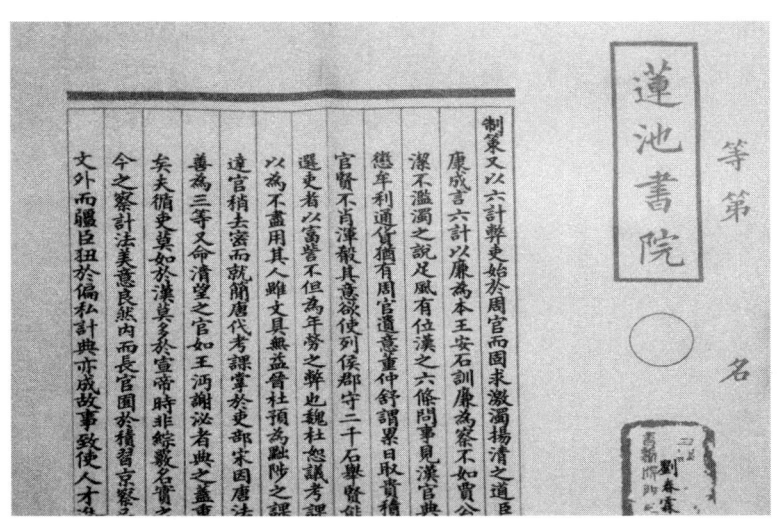

古代应试参考读物鉴本五经印本
科举制策考试考察的是学者的议论水平，图中是一篇制策考试范本，收藏于北京孔庙和国子监博物馆

向善的政治。比如说，治《春秋》，就要研究正义的问题：什么是正义？应对复杂的人事怎样抉择才是正义的？对于不正义的事又该怎样处置？什么事情是原则？什么事情可以因时变通？又比如，经学家们认为，小到一时一刻的征兆，大到万事万物的原始与归趋、规律与性质，从最根本、最高妙的道理，到最细碎、最错综的事态，都可以用《易》学的眼光去分析。

然而，汉代的经学，往往以家门或师门为脉络，沿袭而下。这样一来，各家解释的经义便有不同，甚至是相互冲突的。

于是，熔铸各家学说、弥缝经学体系的尝试，就一场接一场地在东汉末年展开了。到了唐太宗命令孔颖达编纂《五经正义》的时候，经学系统已成为一个庞然大物。有的人皓首穷经，满目是知识的充塞、史料的堆积，对经中的义理却视而不见。而这时的经学，已经与通经致用的目的日渐疏远了。

小知识◎汉学

"汉学"指两汉的学术,"宋学"指两宋的学术。事实上,在历史上,因为汉代经学昌盛、宋代理学兴起,人们总是将汉学与经学、宋学与理学混同起来,往往认为,唐代经学是对汉学的梳理和总结,明清理学则可以视作宋学的延续。经学在清代复兴,有学者就以"汉学家"自居。

所以,汉学与宋学,便是秦以后儒学的两大分支。以下主要说的是汉学。

汉学大致有两派:西汉盛行"今文学",东汉盛行"古文学"。古文学家贬低今文学是"秦火之余":秦始皇焚书之后,一些活到汉代的学者将他们记诵的儒经用当时通用的隶书抄录下来,即"今文经"。今文学家则指斥古文学是"刘歆伪造":西汉末年,刘向、刘歆等学者整理出一批民间秘藏的经书,即"古文经"。

我们熟知的董仲舒,就是一个伟大的今文经学家。今文经《春秋公羊传》中记载,天子巡狩得到一只死掉的麒麟,孔子听闻,含泪说道:"孰为来哉?孰为来哉?"原来麒麟是一种仁兽,会为王者而现身,这时却被无道之

董仲舒画像
董仲舒(公元前179～前104年),广川(今河北枣强东)人,西汉儒学大师

人猎杀。董仲舒由此认为，孔子是没有王位的王者，也就是"素王"。

不过，后来的学者吸收了"谶纬之说"，将"圣王"越讲越玄。在董仲舒罢黜百家独尊儒术之前，博士的名目很杂，其中还有巫医方术之类。"谶"，就是这些人搞的神秘预言。而"纬"——可以产生编织的联想，"经"是平行排列的主线，"纬"则要横贯主线，使织物形成整体。纬书就是用"天人感应"一类思想去附会经书的产物。由《元命包》《援神契》《勾命诀》这类怪诞的书名，可以推想其内容。纬书记载说，孔子的母亲梦见名为"玄帝"的一条黑龙，感应而生下了孔子，所以孔子实为"玄圣"；又有说，西狩获麟的时候天降血书，第二天被孔子的弟子子夏看到，血书就变成赤色的鸟飞走了。

谶纬之说一方面宣扬君权神授，巩固统治；另一方面也起到制约君权的作用——君王如果不按道义行事，他也就失去了合法性，应该退位让贤。王莽擅权在当时名正言顺，而在后世几乎就是不可思议的。

事实上，谶纬到东汉才遍地开花，成为官方的统治学说。在这种状况下，纯粹一些的学者，就退居到文字学、历史学的层面上，一方面希望通过文字学纠正被过度解释的经义；另一方面又希望用历史的眼光考证经文的真伪。这时的学界便有了统一经义的自觉。比较有代表性的成就是——在官方，则是汉章帝组织的"白虎观会议"，学界的知名人士聚在一起商讨经义，比如爵号、五行等词的含义和源流，比如"圣人"到底指什么，比如婚丧嫁娶的礼仪究竟以哪样为正统，最后由班固整理出名为《白虎通德论》的会议记录；而在个人，则有郑玄这样的大师，遍访名儒，遍注群经，不仅打破了各家学说的界限，而且把今古文经义熔于一炉。

虽然不断有异议声，但这种杂糅今古文学说、以古文学为主的路向，从此成为经学的主流。此外，魏晋有"玄学"，风行一时。当时的人用庄子、老子的思路解说《易经》。唐代孔颖达编纂《五经正义》，采用王弼注解的《易经》作为官方版本。而王弼，就是玄学家中的代表。

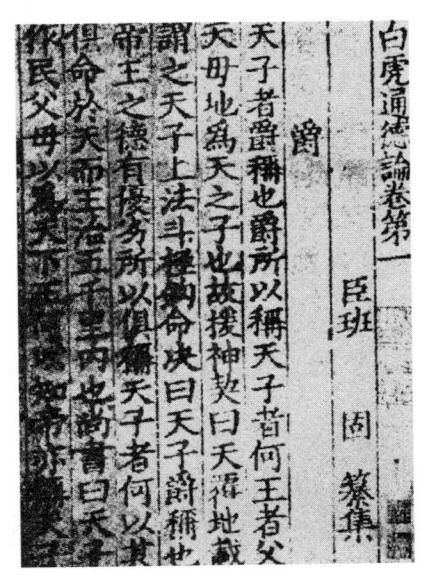

班固《白虎通德论》
建初四年（79年），东汉汉章帝为统一对谶纬的解释，召开白虎观会议，会议的成果由班固写成《白虎通德论》一书

3. 学术芜乱，佛老流行

说到莲花，不难想到中学课本里的《爱莲说》。另一方面，莲花也容易与佛祖的宝座联系在一起。印度人自古崇尚莲花，常常用它代指真理。比如历史上，唐僧玄奘去西天取经，最终到达的"那烂陀寺"，原文 Nalanda 就是莲花 Nalan 的衍生词。因此，有人将《爱莲说》视作周敦颐喜好佛学的隐喻。

这种说法不无来由。东晋时期，法师慧远在庐山兴建东林寺，又创立"莲社"，同百余名居士一起学佛。为首的居士刘程之、周续之，与陶渊明一样，兼通儒家经纬又喜好佛学、早年名节甚高后来辞官归隐，他们合称"浔阳三隐"。居士们隐居庐山，甘拜慧远为师，陶渊明却是个例外，慧远一心想邀他加入莲社，他却百般辞谢，最终以嗜酒为由推脱掉。与陶渊明相反的是，名倾朝野的谢灵运，一心想加入莲社，慧远却说他满心功利，如何也不肯接纳他。现今中国佛教最流行的"净土宗"，又称"白莲宗"，便是慧远在那时开创的。

凑巧的是，600 年后的周敦颐，同样爱圣贤，爱佛学，爱庐山，

印度那烂陀寺遗址
那烂陀寺是古印度的佛学中心,一度辉煌,却在 12 世纪毁于伊斯兰人的入侵。其遗址在现在的印度比哈尔邦

也爱庐山的莲花。东林寺的岩壁上就留有他 44 岁时的题名。而在 49 岁那年的暮春,他又来到庐山大林寺,游赏之余,还作了一首诗:

> 三月山房暖,林花互照明。
> 路盘层顶上,人在半空行。
> 水色云含白,禽声谷应清。
> 天风拂襟袂,飘渺觉身轻。

大林寺与东林寺同是庐山名胜,相距不远。诗中写到的山房之暖、林花之明、水色之素、禽声之清,无不令人襟怀疏旷。平日的案牍之劳、生民之忧,洒然尽释。周敦颐一生宦游四方,公务之暇,总喜欢寻访附近的名胜古迹。除了山寺,道洞仙宫之类也去过不少。这样一位三

《白莲社图》（局部）

纸本水墨，纵34.9厘米，横848.5厘米，北宋张激绘。全图绘12僧、7士共19贤，另有童仆12人，以树、石、溪、桥而界分八段，依次为桥畔笑谈、策杖闲行、围坐听经、捧经诵佛、相踞而辩、围桌研经、童子浣盏，末段一高士濯足于青溪。莲社，东晋的一个民间组织，其成员以高僧慧远法师麾下的一批僧侣精英和社会上的名流居士组合而成。公元402年，慧远邀集僧人居士123人建斋立誓，共期往生西方极乐净土

教并通的先生，当然很有可能摭取佛老之长来补救儒学之短，他所开创的理学，则往往被认为是三教合流的产物。

由此可说，理学是援佛入儒的产物。从历史说起，东汉末年，士大夫因为政治的败坏而自居"清流"，又因为魏晋政治的险恶而退居"清谈"。清谈什么呢？比如，庄子里有"有不能以有为有，必出于无有"

之类令人头脑为之一大的言论,这引起了魏晋人长久的辩争。"有"到底有没有?老子说"有无相生"是什么意思?有的人说"有生于无",有的人说"有生于有",有的人说"有也不能生有",而且"无也不能生有"……

这些士人清谈,一方面是拂挹苦闷,寻求出路;另一方面,过剩的聪明才智也可以找到寄托。此时传入的佛学,宣扬脱离苦海,理论玄远艰深,耐人寻味,正好投其所好。所以,在以往会成为玄学家的人,在之后都成了嗜好佛学的玄学家。而最初的中国佛学,则是在玄学底色的幕布上,印度佛学的一种投影。就连慧远也常常引用庄子的说法来讲论佛理。

与慧远同时代的西域高僧鸠摩罗什,对佛经的翻译至今被视为典范。古印度人的思维方式很特别,他们自有一套逻辑理论,叫做"因明学",有时一个小小的词语也蕴含了印度式的思维习惯。佛经里有的词汇,甚至根本找不到汉语表达。鸠摩罗什对这些问题不加回避,努力克服。

与之前不同的是,鸠摩罗什主导一种"大乘佛教"。"乘"作名词,是车的意思,例如《论语》中有"道千乘之国"的句子。佛教有两种规模的"车"可以将人度脱苦海,"小乘"只能度一人,"大乘"则能度多人。

鸠摩罗什塑像
鸠摩罗什(344～413年),原籍天竺,生于西域龟兹国(今新疆库车),后秦僧人。与真谛、玄奘并称为中国佛教三大翻译家

佛教说众生的"根性"有利有钝,

一 宋初气象 | 21

通俗地讲，就是人有智有愚。作为大多数的"钝根众生"，读不懂佛经，从未想过自己从哪里来到哪里去、世界是实有还是空虚，既不觉得贪爱有什么问题，也不会对寂灭提起半点兴趣。传教者对这些人会怎么办呢？

总之，到了唐代，佛教在中国广为流传。皇帝对世间无需期冀，就请他提供世外的寄托；皇后醉心于政权，就向他求取篡权的依据。而文人们，俊逸风流的以禅入诗，失意落魄的念佛自慰。全国各处都在开寺筑塔修佛造像。僧人在寺院里，可放贷，可蓄奴；民人到寺院里，可求福，可消灾，可逃难，可避税……

初时，大臣们劝谏皇帝，说当时的风气有违佛教教理。比如《金刚经》说，想通过面目音声求见如来是邪道，所以不该修造佛像。又有人说我佛慈悲，决不希望搜括不足的民财，奢养有余的豪僧……可惜这些话，无人理会。爱佛教的柳宗元感叹"真源了无取，妄迹世所逐"，恨佛教的韩愈宁肯杀身也要反对皇帝迎接佛骨——他一改以往谏臣的低声下气，直指信佛得福是虚妄之谈，而且夷夏有别，中国就应该践行尧舜周孔之道。

20多年后，唐武宗即位，决心彻底废佛。但他却并没有反思，世风至此，是皇帝领衔、举国唱和的结果。先纵容，后惩治，无异于坑害百姓。五代后周世宗也颁布过废佛令，但主要是通过制定严格的出家条件。

而宋太祖方才即位，就取消了后周的废佛令。宋初对佛教的政策很温和，僧徒只要行为检点，不大言惑世，不侵地扰民，不搞怪力乱神的法事活动，政府便不加干涉。佛教于是日益复苏起来。到太宗、真宗年间，出现了一位名僧，叫做智圆，号"中庸子"。中庸子除了爱读《中庸》，还崇尚周、孔，喜欢老、庄。

中庸子对儒释道三教都有所了解，他写过一首长诗《湖居感伤》，其中说：

翼翼修天爵，孜孜耻面墙。
内藏儒志气，外假佛衣裳。

中庸子说，秦皇焚经以后，汉代学术染杂，民风败坏，人们喜欢争夺，不讲礼让。孔子的仁义、老子的道德，在当时几乎都不讲了。这时，多亏有了佛陀的训诫！人们因惧怕报应而变得周济仁慈，因了解空寂而变得温弱朴素。佛教利民，儒、道二教也随之复兴了！

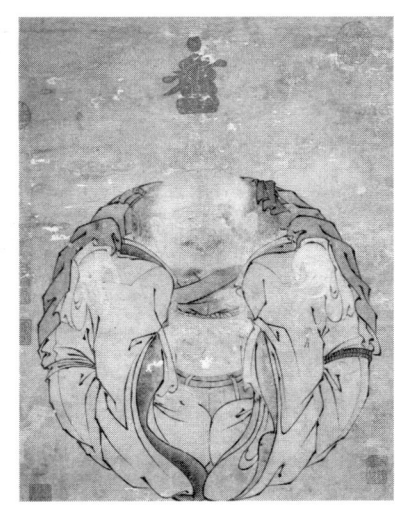

《一团和气图》
此画将佛教、道教、儒家三教代表人物合为一体，体现了明代"三教合一"的思想

中庸子说，信佛教的人的过失不是佛教的过失，排佛好比吃错草药却责怪神农，玩火自焚却抱怨燧人。

中庸子说，儒教向往王道时代，道教主张回到结绳记事的时代，佛教则可以让人彻底归于空明。他提出儒佛互补，阳儒阴佛，以儒修身，以佛养心。他说，儒、道、释的目的，都在治世，本是一家，缺一不可。

于是，学术界所谓"三教合流"的风尚，就由宋代的僧人开创了。

4.熙丰改制,元祐党争

宋朝经过太祖、太宗、真宗三代,到仁宗时,京师洪水,南方灾荒,北方地震,西夏独立,宋辽岁币增加,国库亏空,赈灾不力,农民起义频繁爆发。国家长期以来隐伏着的痒痛日渐浮显出来。庆历新政裁冗官,那些坐食官俸的人为了自保,便攻击变法人士,以致新政废除。

新政废除后,冗政问题有增无减,士人们都或多或少地思考着改制的事情。临川人王安石,被当时的人视为孟子复生。王安石自己也以孟子所说的王道政治为理想,立志要遏止当时严重的土地兼并之风,让人民都能安居乐业。仁宗末年,他上呈《言事书》,用了近万字陈述自己对于施教化、养人才、取士、任官的见解。但此时的仁宗,

王安石(1021～1086年)

北宋大儒、贤相。他在神宗的任用下主导变法使国家中兴,被视为儒者得君行道的典范。学术方面,他著述颇丰,然而多遭毁弃,后人辑有《临川先生文集》传世

早已对改制不甚关心了。八年后神宗即位，任用王安石为宰相。君臣相得，在熙宁、元丰年间，对积弊已久的朝政痛下刀药。

王安石这一次要做的不是直接罢黜官吏，而是将整个官制进行一次"正名"，变更虚衔，委以实务。另外他认为，吏治腐败是由于教育的缺失，不教育就加以惩治，是毫无道理的。他希望用学校代替科举，教育并考核人才。他亲自编订《三经新义》作为教科书，他的新经义，正是突破汉唐注疏，模式近似于理学的一种学术。但这却引起了很大的争执。司马光认为，这种高深的义理之学连孔子都不讲，岂能拿来教年轻人；程门则认为王安石心术不正，新经义是一家之言，不能做教科书……

北宋王安石变法时期的殿试
殿试是科举中的最后一道关卡，王安石时代的科举推重经义，诗赋基本上被摒于殿试之外，考风浮薄之弊得到根除

王安石探索多年的新田制也终于得以推行，来抑制土地兼并：政府在播种时节把谷种或钱币贷给农民，收割时节再加十分之二的利息收回，这样一来，那些辛勤劳动的人就不会去卖地、借高利贷了。此外，他派人丈量土地，免除无地者的田税，清查出偷逃的田税，而这些逃税竟占总税收的一半多！因为当时大多是用物品缴纳赋税的，所以他又通过政府的操作平抑物价，使各地收税的标准不再参差不齐，又能制裁奸商从赋税中谋利。此外，他将战马分派给西北地区有此意愿的民户喂养，还精简冗兵，派将领操练，又设置民兵，节省军费，解决了北宋最棘手的问题。

　　王安石说，国家贫弱，不是因为收入太少，而是因为用财无道。所以，要建立起一种好的制度，不提高税率，国库也可以充实。他的理念叫做"理财"，然而朝中的君子们却纷纷指责他"敛财"，这些久居庙堂的人担忧起遥远的民众，认为新制度与民争利，不符合先王之道。王安石于是给他们讲解，可他们仍旧不解：钱的数量不变，国家的多了，民众的怎么就不会少？他说他们不读书，他们便说先王的时代连书都没有。王安石遂渐渐对这些君子摆出不予置辩的姿态，君子们满腹意气，便说他是奸佞，纷纷辞官，不予合作。

　　当时有一位名臣叫赵抃，他长期在地方上任职，并不认为新制度有什么问题，只是劝导王安石说，制度是小事，用人是大事，把忠义之臣都气跑了，恐怕不是社稷之福。君子们与王安石争执，他从旁劝解，君子们便连他也一起弹劾，令他很是难堪。宋神宗决心支持新法之后，朝中有好事者拈来佛教里"生老病死苦"的说法，指的是王安石实施新法，旧日宰相有的老，有的病，还有一位叫唐介的因辩论失败而气死，这位赵抃则对政局的混乱终日叹息，叫苦不迭。

　　其实赵抃说到了要害之处，王安石从此孤立无援，支持者的声望大多不及君子党,未经整顿的吏治和对手的恶意破坏也使得熙丰改制阻力重重。而这些阻力,却反过来成了人们攻击新政的把柄。从南方的旱灾到西北的瘟疫,从地上的蝗虫到天上的彗星,全都成了变法的罪过。王安石此时已是心力俱疲,他的爱子也在熙宁年间忧愤而死。他辞官重游故地,20多岁时在这里穷索善政的回忆历历在目。他说,"白头追忆当时事,幕府青衫最少年。"

尽管历尽艰难,但下民对新法的态度由不满渐渐转为拥护,一些被贬到地方上任职的君子也开始发现新法的好处,王安石所提拔的将领带兵收复了大片失地,国库也日益充盈起来。然而不幸的是,改制不到20年,神宗就英年早逝。元祐年间太后擅权,立即起用司马光为宰相。司马光说,新法不去,自己死不瞑目。终于,他在临死的一年

王安石纪念馆
位于江西抚州,建成于上世纪80年代,是一座仿宋式园林建筑。馆内主要收藏与王安石相关的历史文物和艺术作品

中，甚至不顾诸君子的反对，把新法一概废除掉，把收回的失地也都如数奉还给了西夏。

远在江南的王安石，初时听说这类的消息，不以为意。直到得知连最为完备的"免役法"也废除时，不禁愕然失声，良久才说："此法终不可罢也。"晚年的他浸淫于佛学中，却时而梦到尧舜，白发疏落，却不忍摘掉儒冠，很快就去世了。

"以义而合"的君子党，在王安石执政时，他们力反新法，辞官不就；在王安石去位后，他们四分五裂，再加上力图挽回新政的"新党"，几派人交相攻讦。在接连不断的党争中，北宋的颓势已然不可挽回。

小知识◎王与霸

王安石"天变不足畏，祖宗不足法，人言不足恤"的言论，在现代人心中留下了一个反传统的斗士形象。其实这三句话，最初是君子党弹劾他时用的激烈措辞，王安石本人并不完全认可。不过他回应说，祖宗确实不足法。然而这也并不能表明他有任何"反传统"的倾向，因为他要效法的不是宋朝的"祖宗"，而是华夏的"先王"。

儒者历来重视"文王在上，於昭于天。周虽旧邦，其命维新"这样的经文——政治在一代代的因循苟且中失去自觉，就会变得空洞而锢蔽，麻木不仁。要让它重焕其精神，就是通过对"天命"的认知。天命又是什么？我们之前讲到，在汉代的谶纬之说里，天命是上天通过麒麟、血书之类传达给圣王的某种神秘指令。宋真宗伪造"天降祥符"，也是受了这种观念的影响。但宋儒不满于这类怪力乱神的论调，他们认为，天命，就是一种"正当性"。在位者如能日新其德，践行仁道，建立秩序善导天下之民，他就是一位合格的君主，一位受命于天的圣王。

但历史上大多的君主，标榜忠君爱国、安分守礼，只是为了巩固统治，能让自己安享逸乐，免遭祸患。这在儒者眼里，叫做"霸道"，与"王道"判然两分。春秋时代，齐桓公在管仲的辅佐下，与几位大国之君结盟，维持了政局长期的稳定，但孟子却对"齐桓晋文之事"深为反感，绝口不谈。他说，假如君主不是真的仁民爱物，那么就连一时稳定也是不可能的。

王安石便是宋代承接孟子、首倡"王霸之辨"的儒者之一。他对王与霸的判分在于"心术"：仁义礼智信在霸者那里，只是权宜之策，是一种作态；而王者践行仁道，只是做他应当做的事而已。正其义不谋其利，明其道不计其功。君子追求善道，将善充实于心，他的人格渐而流露出一种光辉，化民成俗。这就是孟子所说的"大而化之之谓圣"。君子的修身，就已包括了对善政的营造。

王安石自己进德修业，持身端严。事实上，他为人唯一的瑕疵便是不以恶衣恶食为耻，于是他被君子党讥讽为"穿着俘虏的衣服，吃着猪狗的食物，囚首丧面而坐谈诗书。"他去世后一度被追封为王（尽管这有些夸张），被视为仅次于颜渊、孟子的圣贤，在孔庙中从享祭祀。

宋儒大多认为，秦汉隋唐的统治往往甩不脱霸道的色彩。治国不循道理，必然是"得之易，失之速"。宋儒要寻本探源，穷究"内圣外王"之道。而这也是理学产生的一大缘由。

二　周子其人

1. 清粹渊博，年少名盛

对于周子其人，有学者评价说："才华卓异，沉迹下僚。"他为官不求显达，行迹往往游离在人们的视野之外，于史无考；他在当世才名颇高，在后世更是被推尊为"道学宗主"，但他的著作却没能得到及时的整理，散佚很多。司马光当政后越格提拔二程，二程被视为乱党，学说一度遭到严禁。周敦颐作为二程的老师，他所遗存的学说被学者们暗中传习，一直到南宋才渐渐浮出水面。他的生平事略，后人或许已辨不清哪些曾经过浪漫手法的加工，哪些已带上政治色彩的和谐，只能从断简残编中捕捉先贤高驰而过的背影——它有时轮廓清晰，闪过一抹亮色；有时却渐入模糊，淹没在浩茫而不可知的历史中。

故乡

周敦颐的家乡是湖南道州的营道县。营道在汉代叫做春陵。在几十年的仕宦生涯中，周敦颐常以春陵人自称。道州邻接永州，它的不远处即是九疑山苍梧之野，其间有零陵，传说舜帝即葬身于此。古时这一带地处僻远，曾被贬谪此地的柳宗元称为"南夷"，"少人而多石"。这里的石头和山水，或瑰谲，或清邃，或激越，不染浊世之尘。

营道县的南面是道山，有泉深广莹澈，从崖壁间涌出，化作溪流潺湲而下，汇入营水。这支溪流即是濂溪。溪旁有村落叫做楼田保，相传在许多年前，这里遍地泥沼，无法耕作，人们便将一排排松木填入泥中，将田地托起，因其形制似楼，故称楼田。据说，周敦颐祖籍汝南，他的祖先辗转迁徙来到道州，直到曾祖父一辈，才在营道县楼田保定居。周敦颐就在这里度过了令他终身难忘的少年时光。

周敦颐有性喜恬安、躬耕不仕的祖父，也有发愤读书、志于进士的父亲。在这样一个耕读之家，他自幼便养成了明敏而又笃厚的气质。他读经，务求体察圣贤的用心，以贤人君子作为自我期望。

周敦颐15岁时，父亲猝然而逝。父亲周辅成，生前是贺州桂岭县的县令。桂岭在今日广西境内，与营道相距不过数百里，只有几天的路程。无从得知周敦颐是否曾随父亲在任所居住，不过他成人后处理政事仁恕精严，其中或许深受父亲的影响。

京城

周敦颐的父母都曾不幸丧偶，以其相似的遭遇而结为新的家庭。父亲的原配夫人唐氏，是周敦颐兄长周砺的生母。周敦颐的母亲郑氏，也与先夫生有一子，名为卢敦文。但她改嫁时并未将儿子带在身边，而是托付给了她的兄长——周敦颐的舅父。舅父名为郑向，家在汴京，曾在许多地方当过知州，又一度担任高官执掌兵事，还出使过契丹。后来成为龙图阁直学士，收编了大量五代散落的文献。正是这位学识渊博的舅父给周敦颐取名为"敦实"。

父亲去世,舅父遣卢敦文来到营道,接应失去依靠的母子二人。周敦颐将父亲安葬之后,把家中的十几亩美田移交给乡人周兴,托他代为照管父亲的坟墓;又变卖剩下的田产,凑足路费,与母亲和兄长一起回到京师。年少的周敦颐失去父亲,但舅父却给了他一个父亲应有的训导与爱护。宋初经籍缺乏,也几乎没有学校,周敦颐从僻远的道州来到京城,能够在掌管文献的舅父家里度过他的青年时光,无疑是一件幸事。周敦颐很珍视这样的生活。他孜孜不倦地攻读经史典律,进德修业,也凭借读书所能获得的充实感,来慰解自己对先父的怀念。

周敦颐年满20岁时,才学和品行已经广为人知。20岁,是古代男子成人的年龄,舅父为周敦颐主持冠礼,并为他取好了表字"茂叔"。《礼记》中说,人之所以为人,是因为有礼义,而冠礼,则是一个人礼义的开始。年轻的周敦颐身着玄端礼服,戴上玄冠,从此正式成为一名士人。古人往往在冠礼之后就举行婚礼,在舅父的悉心安排下,周敦颐聘娶陆氏女子为妻。

在宋代,中上层官员可以奏补他的后代入仕。这一年,舅父正好得到一次这样的机会,他把它留给了自己爱之如子的外甥。朝廷的批示下达了,周敦颐得到的官职叫做"试用将作监主簿"。"将作监"在熙丰年间主管礼器,古人祭祀昭告天地祖先,"将要有所作为";而"主簿",则是这个部门里负责审核、印行文书的副官。然而也正是这一年,舅父刚刚为周敦颐的人生做好奠基,便离开了人世。不出一年,母亲也去世了。

鹤林寺

舅父葬在今日江苏境内的润州,周敦颐解去职务,将母亲的灵柩也扶往润州浅埋。舅父生前曾担任两浙转运副使,主管运输、财赋等事务,他召人疏通了润州的运河,将它与长江贯通起来。润州的百姓感戴他,他也喜欢自己为之倾注过心血的这片土地。周敦颐在这里服丧,离家远故,就寄居在近旁的鹤林寺里。鹤林寺在润州丹徒县的南山之麓,古竹葱茏,山风飒然而过,人心中的哀痛渐渐消散。周敦颐在这里读书思索,还结识了几位前辈名士。

唐宋的一些高僧气质清朗,举止庄重,学者们往往更喜欢与僧道来往。当时,讨伐西夏而战败的范仲淹,刚巧被贬谪到润州。去国离乡,不免心怀黯淡。他曾在寺院里读书,与僧人关系颇密切,在各地任职的时候也喜欢寻访名寺。据说,当他沿着古竹间的幽径来到鹤林寺时,僧人们向他引见了那位居丧于此的青年才俊。范仲淹与周敦颐的父亲是同年进士,算是长辈。他开创了高平学派,门人将周敦颐列为"讲友"之一。此外还有一代名臣胡宿,精研易学,大概也与周敦颐有过晤谈。

三年后,周敦颐拜别已故的亲人,启程南下,步入他的仕途。

范仲淹(989 ~ 1052 年)

字希文,谥文正,世称"范文正公"。《宋史》记载他自幼即"以天下为己任",治学勤奋,居官清正,是中国古代士大夫的典范

饭后闲话

除此之外，还有几条关于周敦颐少年时代的传闻。这些寄托着人们情思的想象，不妨拿来当做饭后的谈资。

其中很难理解的一段：周敦颐在鹤林寺居丧时，与范仲淹、胡宿相与往来。唯独王安石少年不可一世，带着名片拜谒周敦颐，三次登门却不得一见。王安石于是气恼地说："唯独我不能向他求教六经吗？"——"不可一世"的，为什么是登门求见的人而不是闭门拒见的人。故事里王安石的谦卑和周敦颐的倨傲都显得莫名其妙。

这个故事出自笔记小说《鹤林玉露》，宋代文士喜欢恶搞名人。宋室南渡以后，君子党及其遗裔无法接受现实，只好将国难归咎给熙宁变法，于是他们的笔记中就出现了许多变法人士的八卦。因此对于这段传说，学者们往往不当回事。但值得注意的是，周敦颐21岁到润州的那年，17岁的王安石也随父亲来到江宁，这两个地方分别在今天江苏省的镇江和南京，相距不过一百余里，这两位青少年的会面其实不无可能。

关于周敦颐在鹤林寺，另一个传说是，当时寺院的住持寿涯传授给他一条《先天地偈》："有物先天地，无形本寂寥，能为万物主，不逐四时凋。"周敦颐就是根据这个创作了《太极图》。后人发现，这条偈语的作者其实是南朝的傅翕居士，寿涯想必不会拾人牙慧。于是又有人说，这个寿涯又叫"麻衣道人"，他直接将道教用来练气功、修内丹的《太极图》传给了周敦颐。那么寿涯到底是僧是道？我们不得而知。事实上，"寿涯"是个莫须有的人物，宋代的佛教书里皆找不到记载。

这些故事中最为传奇的，是"月岩悟道"之说。从濂溪向西十里，有一个天然岩洞，号称"月岩"，至今仍是湖南省的风景名胜。那是一个巨大的天坑，内部高敞虚明，布满怪石。而尤为美妙的是，从东边的门洞进入时，从岩洞上方缺口中看到的天空宛如新月，游人向西移步出洞，它便从满月变成残月继而消失。传说中，14岁的周敦颐在这里游玩，徘徊谛视，幡然省悟：这不是满月，也不是弦月！中间那圆虚通天的，难道不是太极吗？东西两边所观看到的，难道不是太极动而生阳，静而生阴吗？

最可爱的一则是：天禧五年，周敦颐刚好5岁。在九月初九重阳节这一天，大人们品尝着菊花酒谈天说地，从丰收说到播种，从圣上的善政说到契丹的战争，从自家屋前的溪水说到村口的五个土墩子。有人一时兴起，想给土墩们起个名字。在一旁玩耍的周敦颐忍不住说道："五个土墩就像五颗行星，东边的是木星，南边的是火星，西边的是金星，北边的是水星，中间的是土星，就叫五星墩吧！"大人们哈哈大笑，夸赞他是个聪明的孩子，还将五星墩当成了楼田保的一景。

小知识◎五行

古希腊哲学家赫拉克利特说"世界是一团永不熄灭的大火"，其实是说一切皆流变，无物可常驻；泰勒斯说"水是万物的本原"，意思是万物都有某种不限定性。"五行"之说，与这种富有想象力和诗意的哲学借喻颇有共通之处。五行之说最早见于《尚书》，指的是"金木水火土"。古人以此命名天上的五颗行星。因为一年之中黄赤夹角不同，行星升落的方位也不同，所以又用行星来代表天地运行的五种"气"，用木、火、金、水代表"春生夏长秋收冬藏"，与四季联系起来。诗句"七月流火"，便是说火星下降，暑气也消退了。土，则是大地对天之四时的承载。

大概是孔门的子思，最先用"五行"明确表示五种德行："仁、义、礼、智、圣"称为五种"行"，而它们只有体现在人的身心行为上，才能称为五种"德之行"。战国早期的人常常将"德"与"得"通用，也就是说，五行有得于己，才能叫做德行。子思说："五行皆形于内而时行之，谓之君子。士有志于君子道，谓之志士。"

后来，人们将"五气"与"五德"比附起来，战国时的阴阳家邹衍说，"虞土，夏木，殷金，周火……"用五行相生相克来解释朝代的更替。秦朝以水德自居，汉朝建国以后属什么德，当时的人一度争执不下，最后由官方出面才定为土德。宋朝顺承后周的木德而来，木生火，所以宋太祖在登极赦书里说自己"以火德上承正统"。后金政权改国号为"清"，则是想用水德消灭明朝的火德。这类说法相当芜杂。

汉宋儒者一种更理性的说法是：木曰仁，火曰礼，金曰义，水曰智，土曰信；五行"气行于天，质具于地"，在人，则蕴蓄为德行。

木，指的可不是木材，而是生长中的草木。春日阳气渐长，草木的种子从大地中醒来，嫩苗破土而出，舒展茎叶，向上生长。《易经》之首的《乾》卦，描摹出一位君子修身成德，终于大而化之的过程。"乾"字的本义，即是"草木初生的样子"。木之德曰仁。仁是天地生养万物之心，也是君子自强不息、止于至善的德性。

火,象征礼,不是因为它可以取暖御寒、烹饪食物,而是因为在夜幕降临时,火光灿烂多姿,美好至极。火焰明丽而焰心虚空,犹如一个人仪表斐然成章,内心谦虚诚敬。经学家说:中国有礼仪之大故称夏,有服章之美谓之华。古人会为华夏沦为蛮夷而悲戚惶恐,是因为他们认为,人之所以有别于其他生物,在于人有文明,而文明在于知礼。礼以其精致与鲜活,使人脱离粗鄙,从暗昧中睁开眼,以一种醒觉的状态接人待物。它让人免于麻木苟且。所以,并不是说任何繁文缛节都能算作礼。礼的根据是仁。仁,意味着"人作为人该当如何";礼,意味着"人该当如何才能成为人"。

金,不是指79号元素,也不是指金银财宝。五行之金泛指金属,或者更进一步,专指刀刃,如荀子说"金就砺则利"。阳气渐衰时,秋风如利刃般裁去万物的冗余。知生而不知死,知进而不知退,知耗散而不知蕴藏,生命便会失去它本应具有的严肃和节制,变得粗滥而浮靡。裁衡事物,使之各得其宜,称为义。

车軏
车辕前的横木,搭架在牛或马的颈部,使其拉车行走。车軏和车体间的关键处古代称为"輗(ní)軏(yuè)",孔子用来比喻人的信用

水,澄澈清明,周流不滞,因势而行,能够屈身就卑,如智。还有另一说,水代表艰难险阻,人在困苦中不失其操守,称为智。在《中庸》里,智表现为"择善固执",人能够辨明

善恶，执持其善而不失，才能称为智。孔子说："不知命，无以为君子。"儒家所谓的"命"有两种含义：一是"气命"，即万事万物的情势；二是"天命"，即天赋予人的使命。在衰世中，有智识的君子守死善道，不变其志，正如在冬天，阳气以点滴之汇积，蕴蓄成来年洪流般的生生之意。

土，其德为信。孔子说，人而无信，就好比车体与车辄（驾马用的横木）不相连接，寸步难行。但是孔子又说："言必信，行必果，硁硁然，小人哉！"与此类似，孟子说："大人者，言不必信，行不必果，惟义所在。"这样看来，信似乎不如义重要。首先我们要知道，孔子的语境是，子贡问怎样才是"士"，孔子认为有信无义的人虽然不成气候，却也配得上"士"之名。假如误解孔子的话，信义两失，那便是彻头彻尾的小人了。进一步讲，信不在于能否将言落实为行，而在于一言一行本身是真实还是妄作。再进一步讲，五德之信并不是我们通常理解的意义。人将仁义礼智四德如实地操守于身，这便称为信。土是地对天之气的承载，信则是人对天之德的领受。在白虎观会议上，经学家们讨论认为，土是五行之尊，它位居正中，性质和厚，贯通天人。子思五行中的"圣"意为"知天道"，这与"信"所表达的土德不无类似。

2. 行修才敏，所过皆治声

洪州

庆历元年（1041年），25岁的周敦颐服丧期满，被任命为洪州分宁县主簿。一个县的主簿相当于副县令，并不仅仅负责文案。洪州，就是王勃笔下"豫章故郡，洪都新府"的所在。而洪州的分宁县，却离都府有着数百里之遥。

仿佛要考验这位初入仕途的青年一般，当时分宁县有一桩疑狱，积年未决，以往的官吏将它一再悬搁，它已成为当地人的心病。周敦颐上任之后，便着手研究此事。他调查线索，仔细梳理以往审讯的记录，从中发现了蹊跷。胸有成竹的他立即开堂审讯。无论官吏、民众还是犯人，对这样的审讯都已经感到麻木，却不曾想，在主簿严密的盘问追查之下，真相终于大白于世。士大夫交口称赞，城里的百姓惊诧不已，都说："老吏也不及此！"

不过，在洪州还不到一年，周敦颐又受到征召，要去袁州卢溪镇管理市场税收。袁州在洪州之南，卢溪，便是今日江西萍乡的芦溪。管理市场税收，这对周敦颐来说，例行公事，倒是个清闲的职务。他就在这里开始了他的讲学生涯。

讲学的场所，就在公署的书斋，一时间有许多读书人前来参与。讲学，其实就是讨论学理，切磋进步。庆历年间的科举，考试体裁还是诗赋策论。但给出的题目，时常是用赋体阐述一些经学问题。周敦颐书斋的讲友们闲坐时常吟诗作论，意趣盎然。一日，大家谈到江东的律诗，都说韵致工巧，便有六七位讲友诵出吉州彭推官的诗。吉州在袁州之南，两相邻接。推官是州府的幕僚，推理狱讼。那位已经故世的吉州推官名为彭应求，待人慷慨温雅，不以高临卑，不以壮压弱，袁州的长者也都知道他的才行。

周敦颐从讲友们那里听到彭推官的诗，赞叹说：这些字句果然很好！过了不久，周敦颐原职所在的分宁县传来消息说，那里调来了一位太常博士担任新知县，上任还不满一个月，美誉已经风靡数百里。巧合的是，这位名为彭思永的新知县，正是彭推官之子。

解去卢溪的任务之后，周敦颐回到分宁，与彭思永结为友人。之后的日子里，彭思永向他说了父亲的许多诗，周敦颐听闻，一直记诵不忘。

南安

不知不觉，周敦颐已在洪袁二州度过了三年。宋代，三年为一个任期。期满之后，周敦颐获得了很高的评价，在28岁这年被调往南安军，任司理参军之职。宋代的行政区划，最大一级是路，范围近似于今天的省。路以下,并列有府、州、军、监四种州级地区,其下是县,县以下是镇。军这种单位,在唐代设在夷边,只管军事,宋代沿袭,但是兼管民事。南安军与洪州、袁州和吉州,都属于江南西路(简称江西)。州的长官叫"知州",相应的,军的长官就叫做"知军"。而"参军",是知军的副手;"司理",则是负责刑讯。

周敦颐刚上任又遇到了困难。当时南安有一个囚徒,依照法律,不该判死刑。但是周敦颐的上司、江南西路转运使王逵,却下令要求严惩不贷。

对于南安那位可怜的囚徒,官吏们谁都不敢为之申辩。然而令王逵大为窝火的是,主管此事的司理参军周敦颐,却不肯服从他的指示,反而讲了一番道理来教育他,王逵的鼻子里挤出一声冷笑。没想到周敦颐对他说:如此还能做官吗?杀人来讨好人,我是不会做的!说罢,搁下笏板愤然而去。

回到住处后,周敦颐将朝廷发给自己的诰勅(类似于聘书)交还,上奏弹劾了王逵,便欲离任。不过,他辞官并没有成功。王逵感念他的气节,有所悔悟,不仅没有杀那位囚徒,还愈尊敬他。周敦颐在《通书·刑》里写道:"实情与伪态之间往往暧昧难辨,人事变化繁多,若非中正、明达、果

笏板
也叫"手板",通常用象牙或竹木片制成。官员朝见皇帝或面对上司时在上面做一些临时记录。图为合肥包公祠清风阁内手持笏板的木雕

断者，不能治也。"同样是处理纷繁的人事，有的官吏"严而不恕"，罪犯凄惶绝望，百姓谨慎守法，民风却难以向善；有的官吏"恕而不严"，百姓放浪恣肆，罪犯侥幸行险，民风一不小心就堕落到底限之下。时人评价周敦颐"精密严恕，务尽道理"，无疑是对一个底层官吏最为可贵的褒奖。

周敦颐的才名越来越广。到了第二年，一位在虔州担任知县的大理寺丞被调来兼辅南安的事务。虔州是南安的东邻。大理寺类似于国家最高法院，不过这里的大理寺丞只是个虚衔。寺丞见到正当而立之年的周敦颐，不禁赞叹其气貌非凡。公务之余与其相谈，不出所料，周敦颐真的是一位知书达理之士。寺丞便与他结为知交，还将两位年少的儿子托付给他教养。这位寺丞名为程珦，即二程的父亲。

二程中的兄长程颢，字伯淳，因为生于宋仁宗明道元年，所以被后世学者称为明道先生，这年他刚好15岁；弟弟程颐比他小一岁，字正叔，后来被称为伊川先生（伊川是洛阳的一条水流）。程颢当时，明慧端庄，不仅书读得好，还是一位技艺出色的田猎爱好者。对于此时博学能文的二程来说，考上进士已不成问题。周敦颐公务之暇，时常带着两位少年游赏山川日月，让他们去看溪流草长、鱼跃鸢飞，给他们讲天地万物的道理。孔子粗茶淡饭，曲臂当枕，便说"乐在其中"；又说"发愤忘食，乐而忘忧，不知老之将至"；颜子也是箪食瓢饮，不改其乐……周敦颐让二程寻味："孔颜乐处，所乐何事？"

周敦颐从不以长临幼，将二程视为平辈友人，却被二程在心底里当做老师。许多年后，二程给门人讲，他们听了周茂叔（二程如此称呼周敦颐）论学以后，"遂厌科举之业，慨然有求道之志。"不过，"道"是什么？十几岁的二程尚不能领悟，只是当他们看到万物在天地的怀抱里生生不息时，心中洽惬。"道"在哪里？十年之间，二程泛滥诸家、

程颢（1032～1085年）
他被认为是品行气象与周敦颐最接近的儒者，也是周敦颐学术的主要继承者。其重要言说被弟子们记录在《二程遗书》里

程颐（1033～1107年）
他与兄长程颢毕生一同在洛阳讲学，但在学生眼中有着更端严的形象，除了《二程遗书》外，还单独著有《程氏易传》

出入佛老，却发现他们想要寻找的，原本就在他们早已熟悉六经之中。

郴州

这样过了还不到一年，转运使王逵便向上举荐了周敦颐。周敦颐被调往郴县，从副佐转为县令。郴县在荆湖南路（湖南）的郴州，虽然已经不同路，但与南安仍是邻壤。二程没过多久，便到郴县去找他们的周茂叔。三人再次相见，心中都是说不尽的快慰。看到两位少年的学问日进千里，周敦颐问道：伯淳的田猎水平有没有进步呢？程颢有些赧然：田猎，现在已经没这个爱好了。可他没想到，周茂叔却认真了起来，笑着说：怎能这样轻易下断言呢？现在不喜欢了，只不过是田猎之心潜隐未发，一日心情萌动，还是像当初一样。三人言物说理，吟风弄月，很久才回到公署。

周敦颐在郴州做的第一件事便是修学兴教。当时郴州的知州李初平，见周敦颐贤德，便尊敬有加，不当下属看待，一有机会便向上举荐他。周敦颐有困难，李初平一定会不吝周济。一日，李初平听到周敦颐讲学，叹道："吾欲读书，如何？"周敦颐说：您老了，读书已来不及。书中的道理，便由我来给您说吧。李初平从此听他论学，日复一日，心中有得，喜悦不已。古人说"朝闻道，夕死可矣"，垂暮的知州听学一年就去世了，这令周敦颐不胜哀痛，而哀痛之余，又略感宽慰。李初平的孩子尚未成年，周敦颐说："吾事也。"帮其护柩归乡，此后又照料其家，往来奔波，始终不懈。

不久后，二程也辞别周敦颐，随父亲离开了江西。天南地北，音讯疏隔，师生之间是否还有过会面？历史上已无记载。这年，周敦颐也离开了郴县，被改为郴州桂阳县令。据说他在郴、桂二县皆有治绩，但治绩的内容已经失详。只有传闻说，下一任桂阳令在县厅发现了一个小木匣，上面刻着"皇祐四年置，桂阳县令周"，那是周敦颐设在那里以便吏民投书言事的。

南昌

至和元年（1054年），38岁的周敦颐已经治名远扬，博得了在朝诸公的举荐，改为大理寺丞，知洪州南昌县。知县与县令的区别在于，知县是以京官的身份出任地方（事实上是被授以京官的虚衔，用来论定品阶,按发薪俸)。时隔13年,周敦颐回到了他初入仕途时的洪州。南昌人听说了这个消息,奔走相告:新知县是能断分宁疑狱的那位!我们的苦衷有处倾诉了。

不过,这时的周敦颐却暴病昏倒,不省人事。他的好友潘兴嗣来看望他,才发现他的家中钱不满百,衣物止一小箱而已。

小知识◎理学发展史

宋初也有传统式的经学家,如邢昺;但大部分儒者更愿意脱离注疏,直讲经义。宋学在仁宗时代日渐兴起。当时,学界活跃着很多种思想,其中有高平学派、安定学派……以及影响深远的王安石金陵学(又称为"新学")等。它们像是在经学的繁枝密叶间竞相开放的花朵。只是,其中有些还未盛开就已凋亡,果实畸零而羸弱;有些被风霜摧折,埋于泥土;只有一朵结出了饱满莹润的果实——周敦颐的"濂学"是它的萌芽,二程的"洛学"是它的展放,南宋朱子学是它的圆满。

这颗果实,后人称之为理学,而当时的人多称之为道学。《宋史》说:以往没有道学。上古善政践形仁道,道在人们的日常生活里时时起着作用,没人想到要把它研究一番。孔子以后,儒者对此道漠不关心,直至濂溪夫子(周敦颐)作了《太极图说》和《通书》,道理才了然无遗。

仁宗皇祐年间的进士王开祖说:"由孟子以来,道学不明。吾欲祖述尧舜之道，论文武之治……"如他所言，道学要研究的，简而言之，就是"内圣外王之道"。这正是周敦颐寻孔颜之乐处、王安石辨王霸之心术的原因。宋儒说：圣人不是从天而降的，而是通过学习达到的，这个再也显白不过的道理，被先前带有神秘色彩的"谶纬经学"和注重文物训诂的"史料经学"，湮蔽了千年。

孔子说"吾道一以贯之"；宋儒说，五经不是"五"，而是"一"。五经加《论语》，一加一等于一；就算再加上《孟子》，结果也还是"一"。唐代人补缀古注，弥缝五经，宋儒却不想做这样的针线活。子贡说："夫子之文章，可得而闻也；夫子之言性与天道，不可得而闻也。"宋儒说，我们可以"闻其言"，却难以"闻其所以言"。而正是孔子罕言的性与天道，将儒学统摄为一个整体。

理学，其实不外乎经学。理学家认为自己做的才是真正的经学（事实上是不是且不论）。宋儒治经的精华除了朱子《四书章句集注》外，还有《易经程氏传》《春秋胡氏传》（被称为春秋第四传）《仪礼经传通解》《诗集传》《书集传》等。可惜的是，最早成气象的王安石《易解》《三经新义》已经失传，后人再也无法目睹其全貌。

到了明代，一方面官方发明了八股文，编纂四书五经之类的大全作为考试素材，经学与理学共同走向凋敝。另一方面，民间的学者越来越重地染上了禅宗的味道。人们开始认为，成贤作圣不是靠学习，而是靠"顿悟"，于是有了"满街圣人"的说法。

所幸，晚明也涌现出一大批品节端正的士人，他们守死善道，救亡图存，满怀沉痛，力挽狂澜。顾炎武说的"亡国、亡天下之辨"，就是在那样一种时代里发出的呼号。他指责魏晋人清谈亡天下，意在揭发晚明心学的恶俗。他说，假如脱离了经学，理学也将不复存在。

　　孔子说，对于中等以下学识的人，不能讲上层高深的学问，又说"下学而上达"，还说可以使民众遵循仁道，却不能教他们认知仁道——人们能在善政中潜移默化，居仁由义；但是如果要给他们讲道德性命，讲人欲天理，那么缺乏学行基础、没有切身体会的他们，不仅学不到东西，反而失去了诚恳和踏实，变得骄矜自大，溺于妄谈，不辨是非。

　　清代经学复兴，学者们摒弃理学，重尊两汉传统。但是，如何能循着理学所开辟的道路，重整经学的光明与纯正，继而回归对现实的关怀？

　　这个问题自顾炎武提出来，时至今日，也许还没有人能够给出一个完满的回答。

3. 雅意林壑，游好群流

潘兴嗣

过了一日一夜，在潘兴嗣的守候照料下，周敦颐才苏醒过来。潘兴嗣，自号清逸居士，是周敦颐平生第一知己。至于二人是如何结交的，虽然不见于史书，但可以推知一些大概。周敦颐一生交游广泛，他的朋友有些是赞赏他的同僚；有些是他关心的后辈；有些是志同道合切磋论学的讲友；有些是未曾会面（甚至不是同一个时代）但钦慕不已的神交之友；有些是在一起登山临水的旅伴。潘兴嗣出身于显宦之家，家教优越，胸中有大气象。他年少时就通经好礼，博学能文，入仕后实在受不了官场之人的粗鄙，便不肯再为官，到南昌城外买田读书去了。所以，他应该是周敦颐知南昌县时的讲友，二人通常是讨论学问，时而也一起出游。潘兴嗣写过一首《赠茂叔太博》，这在周敦颐友人众多的唱和诗中算是最得其志：

《溪山行旅图》
同潘兴嗣《赠茂叔太博》的意境一样，北宋朱锐的《溪山行旅图》表达出风雪中的旅途艰辛，传递出乐观旷达，现藏于上海博物馆

心似冰轮浸玉渊，节如金井冽寒泉。
每怀颜子能晞圣，犹笑梅真只隐仙。
仕傥遇时宁枉道，贫而能乐岂非贤？
区区世路求难得，试往沧浪问钓船。

  这首诗第四句里的"梅真"本是西汉末年南昌的一位直臣，王莽专政后他便愤然归隐了。孟子说："伯夷，圣之清者也。伊尹，圣之任者也。柳下惠，圣之和者也。孔子，圣之时者也。孔子之谓集大锐成。"这几句话里"圣"的意思和子思五行里的类似，指的都是知天道者，而不是后来意义上的圣人。伯夷是殷商遗民，归隐不仕而饿死；伊尹是商代开国贤相，以天下为己任；柳下惠是鲁国大夫，虽直不会

倨傲凌人，虽屈不会逐俗顺世……这些都已很难得，但这四个人里只有孔子既清且任而和，不偏不倚。潘兴嗣用梅真指代自己，自己能清介而不能担当，能秉持操守而不能屈身行道，所以更发觉周敦颐这样的人难能可贵。

任大中

周敦颐的南昌友人里，还有一位名为任大中，二人有诗往来。朱子曾说：濂溪（周敦颐）在当时，人们见他政事精绝，便说他强于建功立业；见他有山林之志，便说他襟怀洒落，有仙风道气。但很少有理解他学问的人。任大中这个人在历史上没有记载，大概是欣赏周敦颐的仙风道气，相与交往的一位"旅友"。他心地良善赤诚，与周敦颐感情很深。

同知己好友朝夕共处，周敦颐在南昌的时光想必有许多欢愉。不过他只任职了两年便又得到升迁，即改太子中舍签书，署合州判官事。太子中舍签书是一个五品虚衔；判官则是州级长官的副佐，可能也带有一些监察的权责；合州在今日四川、重庆之交，属于梓州路，在隋唐和现今都被称为涪陵。周敦颐接到诰命，任大中前来送别，赠诗说：

一帆风雪别南昌，路出涪陵莫恨长。
绿水泛莲天与秀，蜀中何处不闻香。

可知周敦颐早在知南昌县时就以爱莲闻名了。

沿长江溯流而上，看尽两岸风物。周敦颐经过秭归，同友人一道游赏了龙昌峡；经过渝州，便停船去观览温泉寺，还发现了彭推官的

濂溪书院"爱莲池"石刻

一首题诗《宿崇圣院》;临近合州,又去了剑门,写下"吾皇大道正天心"的诗句……大概正是从这个时候起,他寄情林壑,每过一处都要寻胜探幽。嘉祐元年(1056年)十一月,40岁的周敦颐抵达合州合阳,他此后的生活,似乎更比以往添了几分宽和温裕的气象。

何平仲

合阳一位名为何平仲的僚友,热情款待了周敦颐。他写诗说:"几年天下闻名久,今日逢君倍眼明。"二人相与交好。某日,何平仲问道:人家怎么说您"拙"?周敦颐笑道:是吗?巧,是在下引以为耻的,只怕这世上是有太多的机巧。周敦颐于是写道:

巧者言,拙者默。巧者劳,拙者逸。巧者贼,拙者德。巧者凶,拙者吉。呜呼!天下拙,刑政彻,上安下顺,风清弊绝。

他长期居于官场,对浮薄虚假的风气深为厌倦。这篇《拙赋》,便是这种情绪的表达。从第三句我们可以得知,周敦颐所谓的"巧"指的是偷诈;"拙"指的是守德。孔子说:"巧言令色,鲜矣仁。"假如一个人言辞机趣、容态美好,那当然是好事;如果不够好,就要"正容体、齐颜色、顺辞令",这并没有问题。而孔子的话里,"巧"

用作动词——在人前刻意夸饰,就难免伪诈丛生。伪诈的人,当然不可能是仁人。孔子又说:"刚毅,木讷,近仁。"刚毅者直言径行,木讷者严谨笃重,所以才近于仁。偷弄机巧的人殚心竭虑,所以劳;朴素方直的人心中安泰,所以"逸"。而"吉"和"凶",原是《易经》中的断词,并不是指一个人是否会有好运气,而是指处境的安危得失。假如一个人放僻邪侈,即将沦于败类,那么尽管他活得很滋润,那也已经是处于危境。

听了这番讲解,何平仲写了一首《题茂叔〈拙赋〉》诗:

伪者劳其心,关机有时阕。
诚者任其真,安知拙为拙。
舍伪以存诚,何须俟词说。

值得一说的是,周子为官踏实肯干,不辞辛劳,因此"拙者逸"可不是说不作为,否定掉政治的功能。南宋学者胡寅为《拙赋》题诗说"邦人复嗣海沂歌,仓廪虽空闾里有",仓廪是政府的粮仓,有应对灾荒、平抑粮价的作用。如果仓廪空掉,如何使民人"凶年不免于死亡"?这是个问题。

彭思永

在任所安顿下来之后,周敦颐便将他发现的彭推官《宿崇圣院》诗抄录了一份,寄给当年的分宁知县彭思永。次年,彭思永复书重谢,并恳请周敦颐为此诗题一篇序言。

卢溪讲学,已是15年前的往事。15年后的此时,更有机缘的是,彭思永已是程颢的岳父，周敦颐也成了二程朝夕思慕的师长；彭思永升为刑部郎中，在益州路（即后来的成都府路）任转运使；周敦颐则一度回到洪州，又从洪州辗转来到梓州路担任判官。巧合的是，益州路与梓州路又相接邻，使两人得以重叙。周敦颐忆起青年时那段时光，将它们写在《吉州彭推官诗序》里，一份寄往益州，另一份使人刻在温泉寺作为纪念。

傅耆

这一年，周敦颐妻子的族人陆丞从同路的遂州小溪县解官东归，路过合州，便来看望周敦颐夫妇。话间，陆丞提到遂宁县的一位少年才俊：他名为傅耆，只有14岁，已被乡里荐选为贡士——也就是经过选拔，将被送去汴京参加进士考试的学子。闻知这位少年的为人行事，周敦颐的惜才之心一发不可收拾。他主动写信寄给傅耆。此时的傅耆身薄名微，一直以来，独自精思苦读，很少有师友的指点。这一日冬至刚过，天朗气清，素净的阳光使人感到些许温煦，傅耆意外收到一位长者的来信，谦诚恭谨，赞许自己的学行……他回信说"贱子何知，弗胜喜蹈"，用来表达自己的惊喜。傅耆胸怀远志，希贤好古，他的文辞不卑不亢，周敦颐看到回信，很是欢喜。而更令他欢喜的是，不久后，傅耆就来到合阳拜访他。14岁的少年和41岁的长者结成了忘年之交，在之后的许多年中都彼此感念。

一个人博厚的学问、高明的道德，会随着生命的消亡而化为陈迹。孔子说："其人存则其政举，其人亡则其政息。"不绝如线的圣贤之道，需要有人来继承。曾经病倒几死的周敦颐，对后学愈加珍重。他每每读书有得，写好新的文章，都要寄给傅耆相与讨论。傅耆也珍重这位先生，常向他求教经学。傅耆写诗说：

> 升堂听高论，惟愁日景促。
> 经义许叩击，诗章容往复。

这一次，周敦颐围绕《易经·姤卦》写了一篇《姤说》，寄给傅耆。傅耆把文章拿给自己的朋友卢次山看，卢次山则说："词深意密，如孟子之文风。"可惜这篇《姤说》已经佚亡，北宋之后的人就无法看到了。

蒲宗孟

也正是这一年，周敦颐的长子出世了，取名为周寿。然而刚生下孩子不久，周子的夫人却去世了。创痛之余，周敦颐还要独自抚养一岁的幼儿，不久便心力交瘁。如此过了一年，周敦颐结识了蒲宗孟。蒲宗孟也颇有学行，他后来辅佐王安石执政，官至左丞，所以后人作记载，称之为"蒲左丞"。蒲宗孟后来叙述周敦颐在南昌的治绩，说："屠奸剪弊，如快刀健斧，落手无留。"

蒲宗孟与周敦颐相见，一连谈了三日三夜。回到家后感慨说：世上竟有这样的人？和我妹妹真是匹配啊！原来，他多年来到处为妹妹物色贤婿，可是他眼高过顶，谁也看不上。这一回，他终于亲见到世上还有贤人。过了一年，便将妹妹嫁给了周敦颐。

费琦

这一年周敦颐 44 岁，在合阳任职已是最后一段时光。热爱山水的他感叹说："到官处处须寻胜，惟此合阳无胜寻。"不过不久后他就后悔这样说了，因为在他被安排去调查辖区内的赤水县时，听说当地有一座龙多山，便与县令费琦结为旅伴，一起去登山游览。三年来都不知合州竟有这样的好去处，周敦颐感到相见恨晚："云树岩泉景尽奇，登临深恨访寻迟。"费琦也有诗说：

> 平生癖爱林泉趣，名利萦人未许闲。
> 不是儒流霁风采，登山游骑恐难攀。

在古代，旅游虽是一件赏心乐事，却也是一桩体力活，登山可能还非常危险。这会有了旅伴，周敦颐的林壑之情总算得以慰藉。

张宗范

不久后，周敦颐解除合州的职务，被召往京师。在合州的四年里，他不辍讲学，也结交了许多讲友，张宗范大概是其中的一位。此人在史书中已没有记载，也不知"宗范"是名还是字，周敦颐称他"有行有文"。一日，周敦颐被他邀请去家中做客，看到他家背山临水，山麓上还有一座亭台，十分清静，便给亭台题名为"养心"。张宗范拜谢之后，请他作一篇说辞，周敦颐并未推托，他的说辞大意如下：孟子说过养心的方式，最好莫过于寡欲。寡欲之人，虽也有天性不存的，但是很少；多欲之人，虽也有天性尚存的，但是很少。我以为，养心不仅仅是寡欲，而是寡之又寡，以至于无。无欲，则诚立，明通。诚立，则为贤；明通，则为圣。所以，圣贤不是天生的，而必须通过养心才能达到。养心的益处如此之大，只取决于人自己。

这篇《养心亭说》，是周敦颐最重要的杂文。

王安石

周敦颐回京时绕道江东，游赏了东林寺，还拜访了时任江东提刑的王安石。两人在一起没日没夜地谈话，王安石熟思详味，以至废寝忘食。两人谈论的是什么内容？陆游曾记载说，王安石罢相之后，遇到了故人孙少述，"两公皆忘穷达，剧谈经学，抵暮乃散"。后人推测说，周敦颐与王安石剧烈谈论的，也不外乎经学。其实，我们也很难想象这两位旷世大儒难得相遇，会谈些别的什么事情。不过，王安石当时刚写好那篇著名的《言事书》，二人谈政治，谈先王之道，也不无可能。

这一次相逢的事，也有人质疑是杜撰。不过，周敦颐的知己潘兴嗣，早年就与王安石、曾巩相友善。潘兴嗣去世后，他的朋友谢溪堂为他写墓志铭，追忆说，王安石和曾巩在江南，议论疑而未决，便把这个问题搁置着，说以后让周敦颐来定夺。

这也许是句玩笑话，又或许是王安石和曾巩时常听潘兴嗣提起周敦颐，便对那位传说中的周敦颐心生景慕，希望日后与他一起论学。无论如何，周、王二人，即便"无由会晤"，也应该是"不胜区区向往之至"。

元结

周敦颐到京师之后，被授职为国子博士，通判虔州。虔州在江西，是南安军的东邻。值得一提的是，周敦颐在京师，他的小朋友傅耆刚好进士及第，他还亲自前去祝贺。

此番南下，时间大为宽裕。周敦颐道经江东，在江州约了几位友人，再次去拜访仰慕已久的庐山。多年来的劳瘁使他的身体每况愈下，当他步入深云中的胜境时，归隐之心油然而生。游览了三个佛寺和一个道观，他写诗说："是处尘劳皆可息，时清终未忍辞官。"

庐山的山麓有一支溪流，发源于莲花峰下，洁净绀寒，最终汇入湓江。周敦颐解下冠带，在清流中濯洗。《楚辞》中有"沧浪之水清兮，可以濯吾缨"的诗句，缨，即是士大夫的冠带。这句诗是一位渔父劝屈原归隐时吟唱的，可屈原终究没有归隐。周敦颐将这条溪流命名为"濂"，以清廉自励。他想到自己钟爱的诗人元结。元结晚年在湓江的一条溪水边隐居，将溪水命名为"瀼"，寓意谦让。周敦颐也在濂溪旁构建了一所书堂，为之题诗：

元子溪曰瀼，诗传到于今。
此俗良易化，不期顾相钦。
庐山我久爱，买田山之阴。
田间有清水，请汦出山心。
山心无尘土，白石磷磷沈。
潺湲来数里，到此始澄深。
有龙不可测，岸木寒森森。

> 书堂构其上，隐几看云岑。
> 倚梧或欹枕，风月盈中襟。
> 或吟或冥默，或酒或鸣琴。
> 数十黄卷轴，贤圣谈无音。
> 窗前即畴圃，圃外桑麻林。
> 芋蔬可卒岁，绢布足衣衾。
> 饱煖大富贵，康宁无价金。
> 吾乐盖易足，名濂朝暮箴。
> 元子与周子，相邀风月寻。

然而，元结已经故去了 300 年。周敦颐邀来平生知己潘兴嗣，与他相约为言：来日我们一起遨游在这濂溪上，歌咏先王之道！

赵抃

虔州的知州，便是后来劝解王安石和君子党之争的那位赵抃。其实，他之前在四川地区担任转运使，在合州时，便记住了周敦颐之名——然而那却是恶名。这位号称"铁面御史"的名臣，平生行事以"亲君子，远小人"为信条，当时不知为何却听信了小人的谗言，认定周敦颐是个小人，以至于对他声色俱厉。这一次，两人在虔州共事，赵抃悉心观察周敦颐的言行，却怎么看也不像个小人，于是叹道：差一点就错失了周茂叔！他们一起登马祖山，一起过重阳节……直至赵抃离开虔州，应召赴京。

周敦颐为赵抃饯行，盘空杯尽，两人不忍分别，便一起乘船去香林寺逡巡了一天。赵抃是著名的佛教居士，周敦颐对佛理也不陌生，二人一边游赏，一边清谈，不觉间已经暮云满江。赵抃看到周敦颐愁容不展，劝慰他说：

清极到来无俗语，道通何处有离忧。

分携岂用惊南北，水阔风高万木秋。

沈希颜与程师孟

通判虔州的第三年，周敦颐到于都县巡察事务。沈希颜是于都县令——我们从他的名字上，或许能看出他的家教与周敦颐思想的暗合。沈希颜极为崇敬这位颜子般的长者。他们同去游山，欢尽而散后，沈希颜便花了五个月在山上修了一间"濂溪阁"，请周敦颐为之题说，周敦颐便借与"濂"同音的"莲"来表彰君子的廉直，创作了他的传世名篇《爱莲说》。

这年仁宗病逝，英宗登极。英宗的曾用名为"宗实"，周敦颐要避讳，将自己用了47年的名字改为"敦颐"。

次年冬天，周敦颐在外巡察时，虔州发生了一场大火，焚毁民宅千余家。此时赵抃已经离去，知州的职位空缺，通判便临时代管了一州的事务。朝廷责问下来，人们纷纷求情，周子才没有被贬职。三年的任期满，移任永州通判。尽管没有什么可以自责，但周敦颐的心情却很沉重。在赴任的时限之内，他绕行回到熟悉的洪州和庐山。在大林寺，周敦颐不禁感叹："天风拂襟袂，飘渺觉身轻。"

遥在成都的赵抃听闻周敦颐的遭遇，立即寄诗来安慰他。此时的洪州知州程师孟，与他的知己潘兴嗣，也各写了一首诗为他送行。程师孟写道："永水自然胜赣水，浯溪应不让濂溪。"——坦然地去吧！

永州好山好水，未尝不胜过江西。何况，那里还有家乡人期待着你呢。

的确，周敦颐刚来永州，便见到了侄儿周仲章、兄长周砺之子。此时周敦颐自己也已经有两个儿子了——次子周焘，是在到虔州的第二年出生的。15岁离家，20岁入仕，50岁宦游故土，周敦颐可以告慰乡人，那位曾经在溪桥上垂钓游吟的少年，依旧不变其志：

> 老子生来骨性寒，宦情不改旧儒酸。
> 停杯厌饮香醪味，举箸常餐淡菜盘。
> 事冗不知筋力倦，官清赢得梦魂安。
> 故人欲问吾何况，为道舂陵只一般。

这年除夕，远方的蒲宗孟也收到妹夫的来信，信中谈到两个儿子，谈到濂溪书堂，谈到虔州与永州，又谈到诗经的笺注……

暮春，周敦颐带着妻儿回到久违的家乡，为先父扫墓，探访亲族，还与儿时的伙伴一起游览了家乡附近的含晖洞。

值得一提的是，关于周敦颐家乡的溪水，在历史上一直是个谜。周敦颐将庐山的溪水命名为"濂"，与他同时代的人都说是取意于廉洁，后人却说是因为他怀念家乡。周敦颐的故乡情结的确在溪水中有所寄寓，他说："濂溪溪上钓，思归复思归。"然而他家乡那道溪水的名称，究竟得名于何时？我们不得而知。

孔延之

宋英宗在位的第四年就崩殂了，神宗登极，周敦颐获得升迁，改衔为"朝奉郎尚书、驾部员外郎"，临时代理邵州的事务。邵州是永州的北邻。周敦颐来到邵州，要参拜文庙时，发现了问题。邵州的文庙，也就是学宫，被随意搁置在一个卑湿之地，左边是监狱，整日冗攘不绝；右边是粮仓，到处杂乱芜秽。周敦颐说，先圣道德高厚，教化无穷，实在是与天地并列，与四时同行；国都郡县都要修学立庙，春秋祭祀，就算以天子之尊，入庙也要肃恭行礼……可是这等大事，邵州竟如此荒怠！周敦颐不敢耽搁，立即提案立项，将州学迁往东南方的高地。百姓喜悦，纷纷扛着铁锹，担着饭菜，前来相助。过了一个月，新的州学就修建完成了。

神宗熙宁元年正月，周敦颐写下两篇《释菜文》，召集学生和僚属，用礼币藻齐祭祀先圣先师。文中写道：千年来，学者身着儒衣儒冠，来到夫子的学宫闻道修业，朝夕仰望其尊容，思慕其至德，他们之中，有的像颜子一样出贤入圣，有的得位行道，泽及生民……荆湖转运使孔延之也来参加，写下一篇《邵州新迁州学记》作为纪念。他说：先王养士，犹如疏通渊源、培植根本；周茂叔好学博通，言行政事都要推本六经、考据孟子，将来宋史记载他的善举，大概也会以邵州迁学为先吧！

孔延之是孔子的46世孙，大概周敦颐在南昌时，两人就已经结为挚友了。孔延之的儿子孔文仲，也曾受父亲之命跟从周敦颐学习。

终老庐山

周敦颐在邵州，将自己原先阐发《易经·同人卦》的论文加以修改，寄给了傅耆。傅耆很快就回信说：奉读高论，虽然在数千里之外，也能够欣快自足。不过这篇《同人说》，后来也失传了。

赵抃在中书（中央行政机关）任职，向宋神宗推荐周敦颐。素未谋面的朝廷重臣吕公著，听闻周敦颐"操行清修，才术通敏"，也推荐了他。推荐状写得颇为幽默，最后一句说：朝廷如果能提拔任用周敦颐，他有什么贪赃枉法的举动，臣甘当同罪，其人与臣不是亲戚！

于是，周敦颐被越级提拔为转运判官，管辖事务繁难的广南东路；到熙宁四年，又升职为本路提刑。这时，他已经55岁了，广东几乎是他的最后一处任所，就在这里，他又做了一件可书一笔的善事：端州出产上好的砚石，开采权却被知州杜谘垄断，百姓痛恨他，给他起了"杜万石"这样一个外号。当年包拯知端州，临走前没有带走一块端砚，被传为美闻。到了周敦颐这里，端州官员巧取豪夺的气焰又暴涨了起来。周敦颐本想弹劾杜谘，可是转念一想，"杜万石"走了，还会有"阮万石""蓝万石""闵万石"……便上奏朝廷，定下禁令：在端州为官的人，取砚不得超过两枚。禁令一出，贪风顿息。

广东在那时被称为"瘴疠之乡"，条件恶劣，当年韩愈被贬谪到这里时以为会死，还说"好收吾骨瘴江边"。据蒲宗孟说，周敦颐在这里"不避出入之勤、瘴毒之侵，就算是荒崖绝岛，人迹罕至之处，也要缓视徐察，以洗冤泽物为己任"。任职不久后，周敦颐真的染上了瘴毒。他想到母亲还未安葬，就上书恳请知南康军。南康在江州旁边，周敦颐将母亲葬在江州之后就病倒了，南康的事务已经无力应接，他上书称"不敢以疾病之身染污印绶"，就辞官返家了。

周敦颐平日的薪俸，大都用来周济宗族、接待宾友，所余不多。引退之后，一家人清粥淡菜，时而至于贫馁，他却旷然不以为意。这是他庐山之下的新居，溪水绕过屋旁，宛如童年时在家乡游吟垂钓的日子。初秋的雨夜，天地间盈荡着巨大的水声，书堂安于天地间，如在襁褓。周敦颐在诗中写道：

秋风扫暑尽，半夜雨淋漓。
绕屋是芭蕉，一枕万响围。
恰似钓鱼船，蓬底睡觉时。
旧隐濂溪上，思归复思归。

熙宁六年（1073年），赵抃苦于政局的混乱，回到了成都府。他听说周敦颐引退，便向朝廷请求挽留。六月七日，朝廷的诰命到达庐山，周敦颐却已经离开了人世。远方的蒲宗孟收到他的遗书："朝中刚刚兴起数百年无有的难能之事，将要开天下之太平。人们只要有微才小智、些许的长处，都希望殚尽绵力。唯独我不能相助其万分之一，不能期以须臾的生命，见到尧舜礼乐之盛。今死矣，命也！"

庐山风光
庐山山体呈椭圆形，是典型的地垒式块段山。它以雄、奇、险、秀闻名于世，素有"匡庐奇秀甲天下"之美誉

庐山之月兮暮而明，溢浦之风兮朝而清。

翁飘飖兮何所？琴悄悄兮无声。

杳乎欲诉而奚问，浩乎欲忘而难平。

山巅水涯兮，生既不得以自足；

死而葬乎其间兮，又安知不为清风白月，往来于幽林深谷，皎皎而泠泠也！

形骸归此，适所愿兮，攸安攸宁！

小知识◎理学与道家渊源

  周敦颐的《拙赋》，被朱子认为颇有道家色彩。尽管"拙"字在《老子》中只出现过一次——"大巧若拙，大辩若讷"，但这类思想是整部书的基调。

  汉代学者对于道家来源的解释，大体有两种：一说是出于史官；二说是出于隐者。老子就代表了史官一脉，他并没有任何出世倾向，谈的都是治术。后来的"黄老学派"（"黄"是托名黄帝）继承了这一传统，并成为后来韩非法家的先声。庄子是个隐者，但他的学说可不是教人归隐的，在他放诞的言辞背后，有着隐曲的主旨。贯穿《庄子》之书始终的是一种"小大之辨"，庄子想说，人君不仅是人世间的圣人，更是整个天地间的神人、至人，他作为一个在上者，必须对万物等而视之，不动心。"内圣外王"这个说法，就是庄子提出来的。

不过，后世学《庄子》的人，没几个是君王。庄学遂被当成一种人生智慧：万物，包括人，都是天地的一部分（类似于一个器官、一个细胞），任何一个微不足道的存在，都可以与整个天地等同起来。天地永恒，人之生亦无终穷。联系起老子对婴儿、赤子（天真无邪的原始状态）的推崇，人们开始思考如何将自己化归于天地，于是便有了道教炼丹术。

濂溪书院内的"道学宗祖"

道教对谶纬也多有沾染，它的末流便沦于怪力乱神。从轩辕黄帝到大禹之妻，从《山海经》里虎牙豹尾的西王母，到《地藏经》里烤铁板、喝铜浆的阎罗王，道教都可以将其奉为神仙。从反抗统治者的农民起义，到被反抗的统治者宋真宗，都能从中获得理论指导。道教的学问颇为庞杂，从庄老到医家的《内经》，从《易》到周敦颐的《太极图》，它都能兼容并包。

所以，道家与道教还是要分别看待的。历来儒者对于道家学说，一方面赞许个别语句，另一方面又认为其整体上有失偏颇,甚至不认为它是一个"整体"。老庄的治道,作为对帝王的"说教"或作为文学性的"叙述",有它的鲜明之处,但作为"理论"便有所不足,它没有轨辙可循:如何能达到齐万物、参天地的圣王之道?后人不知其旨,只能用来搞阴谋或丹药了。但肯定的是,无论老子庄子,都跟虚无主义不搭调。老子说的"无",是形容"道"的无形迹、无穷绝、无以名状。玄学家王弼就用"无"指代孔子的性与天道。有人问王弼:无是万物之本,圣人不讲,老子却讲个不休,为什么?王弼说:圣人体会到无,无又不能用来教人,所以圣人不讲。老、庄还局限于有,才不住气地讲他们认识不足的无。

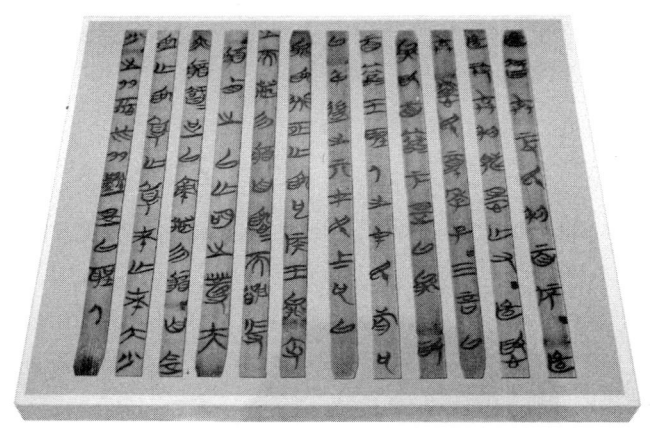

郭店楚简《老子》
1993年在湖北省荆门市郭店村出土,是战国时期楚国的文献,内容和通行本《老子》有较大差异,顿时掀起了研究热潮

此外，上世纪末出土了一批战国时的竹简，其中就有一部分《老子》，它既没有权谋之术、玄虚之谈，也没有"天地不仁""圣人不仁"之类的论调；不仅有对圣王的尊崇，还有对士德的探讨。比如有一句话，竹简版是"绝智弃辩，民利百倍；绝伪弃虑，民复季子（意同'赤子'）"，汉代以后通行的版本却是"绝圣弃智，民利百倍；绝仁弃义，民复孝慈"。由此可以看出某种居心。

即使是否认《老子》曾遭篡改的学者，也只能说在道家产生之初，就已经有人进行了"援道入儒"的尝试。道之于儒，有启发，有攻毁，有因循，自古不是什么稀奇事。

◎佛学的理路

儒道二家不见得有许多抵牾。但所谓儒释互补，恐怕不是很难，而是不可能。

中庸子在那首《湖居感伤》的结尾写道：

一空长寂寂，万类本惶惶。
庶了无生旨，无生更可伤。

他说，生和灭都不是他的归宿，"空"也是可怖的，还是别要"无生"的教旨了。放弃自家教旨却号召三教合流，这让人说什么好呢？

其实，很容易发现轮回之说的尴尬。比如我上辈子是一头辛勤劳作的牛,这辈子好不容易转世为人,却因为自甘愚昧,下辈子堕落成了猪。事实上,作为我的人对作为我的牛毫无印象,依此类推,作为我的猪对作为我的人也应不得而知。那么它与其说是"作为我的猪",不如说是可怜的"某头猪",与我存在着某种莫须有的联系。换句话说,是谁来

重庆大足宝顶山六道轮回图
宝顶山摩崖石刻六道轮回图,又名六趣唯心图、六趣生死轮。按照佛教的说法,此轮是载人于三界六道中生死运转的车轮

经历轮回？是什么使我无论做鬼做人还是做牲畜，都有一个"我"一以贯之？

还有"四谛"说。首先，有生即有"苦"。苦的根源，在于人是物质、感情、理智、意志、知觉这五种东西的凑合（五蕴），也就是"集"（有聚集则有离散，因此万物皆无恒常、无自性，人是因为愚痴、对恒常自性的贪爱，才虚幻地有了生命）；因此要"灭"苦；因此通过"道"。

问题是，假如在五蕴离散之际，竟有一个"我"能够恒常不变、独立自存，那还有什么好痛苦的？

暂且不计较有生无生、有常无常这类不可知的事情，至少人生在世的痛苦，人是实有体会的，而寂灭，正如《双城记》中 Sydney Carton 对天国那动人的描述："那里没有时间，也没有烦恼。"

宗教总不能教人去自杀。假如把无穷无尽的"生"比作一排火柴，将烦恼比作火，轮回就好比薪尽火传，这一根火柴的熄去，就是下一根火柴的燃起，生是虚妄的，死也是虚妄的，而不生不死的"灭"，就像把火柴全部抽空，火便无从燃起了。

正是这个因为应该存在所以才存在的轮回之说，为佛教的四分五裂埋下了伏笔。

三 濂学脉络

1. 志效伊尹，学宗颜渊

周敦颐现存的学术著作《太极图说》《通书》，一共未满三千字，比"老子五千言"还要少，却以其纯粹中正，将儒学上下贯通。从志学之途到贤圣之心，从性命道德到礼乐刑政，都如散落的珠玉般，被汇编为一个整体。《通书》的编排次序很独特，用心良苦。然而依照这种次序，很难讲明各篇之间隐微的关联性。孔子说，"下学而上达"，从平易之处渐入渊深广大，不妨按这样的进程，粗浅地梳解一遍濂学脉络。

周敦颐的时代，科举滥恶，进士轻薄。男儿"五经勤向窗前读"，多半是为了金屋玉人、稻粱轩冕。稍有雅致高趣的人，虽然不热衷于富贵，却沉溺于文辞，以妍词藻句为富，以精工巧思为贵。周敦颐不禁感叹说："噫！弊也久矣！"君子以道理充实于身为贵，以身践道，则身心安泰，君子以身安为富。富贵君子，将金玉视为一尘，将轩冕视为一铢（一两的二十四分之一）。

不过，这是否是在标榜廉政、号召节俭呢？试看司马光的《训俭

大夫第匾额

大夫第是古代中国高级官吏修建府邸的一种通称,其匾额常由皇帝题赐。图为宋神宗年间"紫金光禄大夫"谭必的大夫第匾额,广东乐昌九峰镇茶料谭家保存

示康》("康"是司马光的儿子司马康),他说"众人皆以奢靡为荣,吾心独以俭素为美"。以俭素为美,当然是件好事,但是这样的标榜不免让人怀疑:节俭或许只是司马光的个人爱好,而奢靡也不过是众人的爱好,同样都是爱好,标榜节俭就像标榜"爱吃芥末"一样没有普遍性。尽管司马光说,节俭能使人寡欲,君子寡欲就能直道而行,小人寡欲就能节用丰家,但这又不过是在标榜"吃芥末可以养颜排毒"。事实上,究竟是"节俭使人寡欲"还是"寡欲使人节俭",这些暂且不论,一个小人勒紧裤腰带节用丰家,这究竟是贪吝还是节俭,是寡欲还是多欲,很难说。

当朝另一个极度节俭的人是王安石。他在《言事书》里写道,财用不足就会贪鄙苟得，这是人之常情；但是，上等人即使贫穷也不失其道义，下等人即使通达也不免于贪鄙。那么，是用什么来衡量一个人的上下优劣呢？周敦颐说"道充为贵"，便是给出一条准绳；而之所以言"身安为富"，便是要表明这条准绳的普遍性——"道"并不是某种爱好，儒者有一个基本的信念，那就是：人的良知不泯，有违道义的行为会使人虚惶不安。这也正是孔子对宰予说"汝安则为之"，希望宰予省悟的。

所以，周敦颐的这番话，不是教人如何面对贫贱，而是教人超越富贵与贫贱。在贫贱中能自守，居富贵反而惑乱的，大有其人。孟子说："贫贱不能移，富贵不能淫，威武不能屈。"重要的不是君子轻财利，而是君子不因处境的转变而迁移其心，周敦颐说："富贵贫贱，处之一也。"

子贡问孔子："贫而无谄，富而无骄，如何？"孔子说：可以，却不如"贫而乐，富而好礼"。贫而乐，乐的是什么？"贫"本身当然没什么可乐之处。所以周敦颐问二程："孔颜乐处，所乐何事？"

这个问题也许很容易回答。有一个成语叫做"安贫乐道"，常常被用来形容颜子。但这真是问题的答案吗？二程在洛阳开门讲学，把当年周茂叔的问题拿给门人思索，门人当即给出了答案："乐道。"谁知程伊川对此非常不屑，说："假如颜子乐的是'道'，那他就不是颜子了。"

程颐要否定的，并不是"颜子乐道"。毋宁说，假如"道"是这么一种不痛不痒、漠不关己的东西，它就已经不能成为"道"；而所谓"乐道"，也必将沦为一种虚谈。事实上，周敦颐问二程孔颜之乐，并不是要求他们回答，而是要求他们在学习的过程中体味。但如果一定要付诸言说，那便是：颜子之乐，在于学；颜子之学，在于践道。

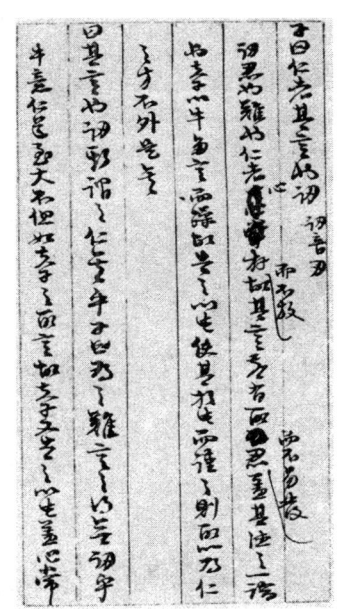

南宋朱熹《论语集注》残稿
《论语集注》与《大学章句》《中庸章句》《孟子集注》合称为《四书章句集注》，是朱子最重要的著作，也是宋以后历代士人的必读经典

世上有许多种学问。比如唐宋进士所追逐的，就是文辞之学。周敦颐认为，文用以载道，犹如车用以载物。车要节饰其轮辕，使之匀称美观，犹如文章要修辞，使之尽善而又尽美。美则可爱，可爱则可传，人们从中学习而至于道，文辞也就达到了教化的目的。周敦颐说，那些不务道德、徒以文辞为能事的人，只能用一个"陋"字来形容。

《论语》一开篇便说："学而时习之，不亦说乎？""时"是每时每刻的意思。为学怎么可能每时每刻都在温习呢？在诸多的学问中唯有一种，它不是教人向外索求，而是教人自内修省，将他自身具有的至善之性扩充广大，这便是践道之学、成圣之学、颜子所好之学。

自身的气质愈来愈纯粹，便愈来愈趋近善性。《礼记》中说的"清明在躬,气志如神",便是这样一种体验。这样的一种学习,当然令人欣悦不已,并因为欣悦而安于此道。子思说:"不安则不乐,不乐则无德。"

周敦颐说:"圣人仰慕上天并向它学习,贤人仰慕圣人,士人则仰慕伊尹、颜渊这样的大贤。"经书中所记载的伊尹,出身寒微,躬耕乐道。一般的士人在乱世往往隐身守节,伊尹则是在乱世中也进仕行义。所以孟子说他是"圣之任者"。当时夏桀暴虐,黎民困苦,伊尹便辅佐成汤灭掉了夏桀,建立起商朝。汤王去世之后,新君太甲昏庸无道,伊尹便流放他到汤王的墓地去居忧思过,并作《伊训》教诫他如何体察天命,自检其身,自新其德,匡正世教,无愧于宗祖神祇。三年后太甲悔悟,说:"天作孽,犹可违;自作孽,不可逃。"太甲被伊尹迎接回朝,从此以善道临政。今日的《尚书·伊训篇》可能是后人根据传说伪造的,不过这并不足以否定伊尹之事。近代人考古,发现商朝直至末年还保持着对伊尹的祭祀。

伊尹"耻其君不为尧舜",只要天下还有一个人没能得到安顿,伊尹就像当众受到鞭挞一样难堪。周敦颐说:"志伊尹之所志,学颜子之所学。"这与他在《邵州新迁学释菜文》中所说也是一致的:"儒衣冠、学道业者,列室于庙中,朝夕目瞻晬容,心慕至德。日积月蕴,几于颜氏之子者,有之;得其位、施其道、泽及生民者,代有之。"

周敦颐说:"士人学习伊尹、颜渊,能够超越他们,则为圣;能够企及他们,则为贤;即使不及,也不负其士人的美名。"这里的"美名"是什么意思呢?儒家讲求名实相合,比如说,"觚"是周代一种有棱的酒器,可是到了孔子的时候,它已经被造得没有棱角、四周滚圆了。孔子托物言志,叹道:"觚不觚。觚哉!觚哉!"一件事物苟且了,便已配不上它的名称,何况人呢?孔子说:"士人志在行道,而那些

觚
圈足、敞口、长身、口部和底部呈喇叭状的酒器,盛行于商代和西周。图为商代粘有织痕的青铜觚,藏于国家博物馆

耻于恶衣恶食的,不值一提。"

周敦颐说:"实胜于名,善也;名胜于实,耻也。君子进德修业,孜孜不息,务求实胜于名。德业尚未卓著时,害怕人听闻自己的名声,是为了远耻。小人则不然,为钓名而作出一副伪态。所以,君子终日安乐,小人终日忧戚。"

小知识◎好学的本质

理学家说，学习，就是"变化气质"。

这还要从"人性至善"讲起。世人往往将性善论视为儿童式的良好愿望："假如人性至善，恶从哪里来？"不过，在思索"恶从哪里来"之前，要先明确："恶凭什么被称为恶？"恶充斥在这个世界上，让人不寒而栗；与之相比，善显得更稀缺，但总能让人于心有戚戚焉。人事有善有恶，人却能够知道善之所以为善、恶之所以非善。"至"意为"绝对"，至善不是与恶相对的善，而是判分善恶的原则。只要有善恶的相对，就会有至善的绝对。至善论类似于说：光明与黑暗相对而言，但光是实存的，而黑暗只是没有光而已。

当然，也有许多事情难以判分其善恶，但这是因为人"智之德"的不足，而不是"善之性"的缺损。这就好比人的视力不佳，但并不能否认：眼睛是通过识别光来判分明暗的。

宇宙浩渺无垠，万物方生方死，假如没有一种存在者去认识这个世界，为它建立秩序，去裁度和安顿万事万物，这个世界将始终是盲目的。能够"为天地立心"的存在者便是人。善，是人的使命。人心中纯然至善的"仁"，即是人性。所以子思说："性自命出，命自天降。"又说："天命之谓性。"

然而，这种观点往往被曲解。"人之初，性本善"，就非常有误导性。将人生之初的自然状态当做人性（"生之谓性"），是孟子早就斥责过的。人应该明确"人性"指的是什么：首先它必须能将人与其他物种区分开，比如新陈代谢、趋利避害之类，只能算"生物性"，而不能算"人性"；它又必须是确定不移的，不可能是人初生时有人性，学习后就没有了。荀子说"性恶"，就是因为他走了"生之谓性"的路线。他说，人之性恶，所以必须要通过学习礼义，建立起"伪"。在他那里，"恶"犹如粗劣不纯，"伪"则是一个褒义词。

我们都熟悉荀子《劝学》里"青，取之于蓝而青于蓝"的句子。这即是说，人生之初，是一种驳杂不纯的自然状态。所谓学习，就是将自己"提纯"的过程。一层层滤掉渣滓，凝结精华，我们就从"蓝"变成了纯正的"青"。

像蓝草一样，人精纯的善性被蒙蔽在粗杂的生质中，这样的状态，就被理学家称为"气质之性"。而"青出于蓝"的提纯过程，就叫做"变化气质"。形容人气质的，有刚、柔、厚、薄、醇正、驳杂、清澈、浑浊……人的气质时而如同河流，有的清澈和缓，水中游过的是蟾蜍还是青蛙，确然可辨；有的浑浊狂荡，水藻芜杂，

制靛提纯过程

图为制靛步骤：收割靛草、过滤靛青中的残叶、在靛池中拌入石灰。此项技术问世已有四千多年，蓝草含靛素，经过沤制，可得到靛蓝，其提纯过程在《天工开物·彰施第三·蓝淀一》中有详细记载

泥沙俱下，漂过的垃圾在水中缠成一团，干净的东西掉进去也会被染脏。变化气质如同治理河流，澄去杂质，至善之性才能如清水般明亮起来。孔子说："古人学习是治理自己，今人学习却是要治理别人。"《中庸》说："人一能之己百之，人十能之己千之，果能此道矣，虽愚必明，虽柔必强。"

那么，为什么"不迁怒，不贰过"就是好学呢？

人有喜怒哀乐爱恶欲，是情理自然。但是，假如喜而忘形，怒而忘身，哀而不能自止，乐而至于淫溢，爱之欲其生，恶之欲其死……在情绪的荡溢中，人便不免于昏庸短见。人习于自己的气质，往往弛堕而不知变化。孔子曾赞美子路"闻过则喜"，但他又说：子路气质太过刚烈，"暴虎冯河，死而无悔"，总有一天会死于非命。子路最后真的被人杀了。人因为有气质的偏蔽，在处理事情时就会有过失。若不从过失中警醒，虽然事后追悔，可到了下一次却还是照旧，这就是贰过，乃至三过、四过……

颜子能够认识到自己举止间的不善，毅然铲除，气质中的杂质越来越少，心性便越来越明澈。久之，他不会为气欲所昏蔽，当喜则喜，当怒则怒，喜怒哀乐只像是一排浪花，事过之后就平息了，不会汩乱事物在他心中所呈现出的形状。事物在至善之性的鉴照下媸妍毕现，颜子裁度它们，便能够不杂私意，廓然大公。所以好学莫过于此。

2. 明诚知几，修身进德

苏东坡写过一首《茂叔先生濂溪诗》："先生本全德，廉退乃一隅。"什么叫做"全德"？对于仁、义、礼、智，宋儒说：这四者是一切德行的大纲，它们放在一起讲，为首的仁就偏指爱的天性；但如果单说一个仁字，它也便包含了其他三者，乃至勇毅、廉直等一切美德，也都不外乎此。所以仁被称为"全德"。孔子说："没有智，怎能称得上仁？"与此相同，无义、无礼也称不上仁。一个人若临事不果决、居处不恭谨、昏庸无知，便已配不上道德君子之名。事实上，"德"的内容往往被人看得太窄，"修身"一词也就随之贬值了。

《大学》说："欲修其身者，先正其心；欲正其心者，先诚其意；欲诚其意者，先致其知；致知在格物。"格，原意是接触，格物即是在与事物广泛接触的过程中推明其事理。读者也许听说过明代学者王阳明格竹子的"萌事"。他在书斋里静坐，目不转睛地观看竹子，一连看了七天七夜，直到病倒也一无所获，于是用实验推翻了"致知在格物"这个命题。这让我们不得不怀疑他对这句话的理解。二程的友人邵雍曾写过《观物篇》，观天地万物之变，达经世致用之方。且不论他究竟有无穷究事理，至少他的方法是对的。周敦颐讲"知几"，说的也是一种格物之法。

知几，指的不是唐代历史学家刘知几，它是《易经》中的一个说法，几，类似于今天所说的"征兆"。一件事从无到有，在它发生之初，便已经有趋势可以观察。这个趋势从最初的轻微到最终的积重难返，人都可以采取措施，使事情向一个好的结果发展。如能见微知著，早早察觉势态，用力挽回局面便也容易得多。《易经》说："君子见几而作，不俟终日。"周敦颐说：如果用力却无法挽回，是天之气运使然；但如果不识势、不用力，那就是人的过失，又能责怪谁呢？

《孔子家语》中有一则关于颜渊的故事。鲁定公问颜子：您也听说过东野毕善御吗？颜子回答说：擅长倒是擅长。但他的马过不久就要丢失了。定公很不高兴，说：原来君子也会诬谤人。结果过了三天，东野毕的马就丢了，定公赶忙把颜子叫来，问他何以得知丢马的事。颜子说：东野毕让他的马历险致远，马力已尽，可他仍旧不停地驱使马。臣听说，人穷则诈，马穷则佚，自古没有穷天下之力还能不至于危殆的。鲁定公很高兴，告诉孔子。孔子说：这就是颜回之所以为颜回啊，有什么好稀奇？

《易经》说："知几，其神乎！"神，不是怪力乱神的神，它犹如说"精妙"。能够知几通微，善应万物之变，那可就是诸葛孔明一样神机妙算的人了。

一个人能做到知几而神应，关键又在于"诚"。诚，不是说为人厚道，童叟无欺，它的字义是"真实"，一个人唯有气质清澈无杂，性命纯粹至正，方能称得上真实。《易经》说："穷理，尽性，以至于命。"在格物的过程中穷究事物之理，进而推知天之道，知天之道则知人之性，这就是"致知"。如此为学，才能做到闻见愈广博，心性愈精一。所谓格物致知，就是一条下学上达之途。《大学》紧接着讲"诚意"，教人不要"自欺"。言下之意是说，唯有道理尽明，好善弃恶成为心性的自然流露，才能惬然有所得，才能不自欺，独处之时才能戒慎恭谨。《中庸》承续了"慎独"的话题，将"诚"讲到了淋漓尽致的地步。

"中"最初可能指一类礼器，有某种贯通天人的意味，引申为性命天道；而"庸"与"用"含义相近，指的是此道在日用常行中的体现。《中庸》是先秦儒家讲性命天道之学的典范，开篇便说："天命之谓性，率性之谓道。"在对君子之道进行了一番叙述之后，作者子思教诫人如何通过博学、审问、慎思、明辨、笃行来穷理尽性，达到一种明澈而刚强的人格。子思说：

诚者，天之道也；诚之者，人之道也。
自诚明，谓之性；自明诚，谓之教。

这几句既简单又深奥的话，无论在濂学中还是在整个理学中，都有非常重要的地位。天道纯粹至正，人心却粗杂不精，而人经过刻苦力学使其心复归真实，这就叫做人道。人性真实，因而明澈，如清水般鉴照万物。通过对自己的澄治而达到明澈，从而复归人性之真，这便是教育的本质。正是因为这般明澈，人才不会为任何事物所汨乱、所昏蔽，物来能裁，事至能断，当然就能够知几而神应了。不仅如此，君子之诚形于内，著于外，他流露出的人格光辉就能化民成俗。

值得一提的是，荀子也讲诚。他说："君子养心莫善于诚。能够达到诚，便没有其他事了。"荀子讲慎独，讲能化，都与中庸如出一辙。然而他却将天与人分隔开，无论是对子思和孟子的批判，还是对诚、伪的论述，他都仿佛是在用礼义之学置换性命天道之学。这多少给后人留下了某种误导。至今有人以为，儒者自古对"道体"不关心，是在佛学的刺激下才发觉到讲它的必要。事实上，性命天道之学在战国时期就非常深入人心了。学术一旦变得泛滥无归，就必然有学者要追本溯源。周敦颐说："荀子原本不识诚。"

　　濂学的主要来源，便是《中庸》与《易经》。自古对《易经》的研究，大体上有两种路线：象数与义理。汉儒和道教比较喜欢讲象数，王弼之后的儒者则大多倾向于义理。周敦颐、王安石、二程都是从义理角度解《易》的大家。周敦颐在鹤林寺结识的胡宿、二程的好友邵雍，都擅长象数。不过二程对象数很不感兴趣，与邵雍做了十几年的邻居，

"子思作中庸处"石刻
清道光年间石刻，为孔子71世后人所制。原立于山东邹城南门"子思书院"处，如今保存在孟庙御碑亭

却说不曾听闻过他的象数学。象数易学教人"明诚知几",却难免因为太过细碎而趋于死板,义理易学则是一整条"修身进德"的轨辙。

《大学》讲:"物格而后知至,知至而后意诚,意诚而后心正,心正而后身修,身修而后家齐,家齐而后国治,国治而后天下平。"身修之人,已经是"清明在躬,气志如神",他有洞察幽微之明,有经天纬地之才,主家则能齐家,循着齐家之理,掌国则能治国,居于天下,则能够大而化之。他已经不止于君子,而可以成贤作圣。

周敦颐说:"诚者,圣人之本。"又说:"诚、神、几,曰圣人。"

小知识◎龙树菩萨与大乘佛教

我们曾说，佛祖不探讨不可知的事情。然而，这些事情与佛教的理论又密切相关，后人无法回避，于是佛教分裂为许多部派。其他问题尚且容易调和，"谁来经历轮回"的问题，却直至龙树菩萨创立大乘佛教，才得到了很好的解决。

龙树是佛教中的一个天才人物，或许仅次于佛祖释迦牟尼。佛教之初，人们认为成佛几乎不可能，断灭烦恼只能成为"阿罗汉"。龙树认为，佛陀悟道后本来就可以涅槃了，他留在世间现身说法，是想救众生于苦海。佛陀之所以为佛陀，正是由于这种慈悲。

万物皆无自性，龙树解释说，是因为任何一个事物，它作为某些原因的结果，完全是被它的原因决定的，它不过是因果链条中的一环，根本就没有一个"它自己"。所谓轮回，只是对因果链条一种形象化的称谓而已。这有些类似于说"人不能两次踏入同一条河流"。在不断的流淌变化中，下一次的河流已不同于这一次的河流。甚至每个瞬间，河流都是不同的。甚至，我们一次也不可能踏入同一条河流。甚至，根本就不存在"一条河流"！一切皆流变，无物可常驻。

连自己都没有，自己的涅槃也就没多少意义。在五蕴聚散的过程中，现在的我未必是我，现在不是我的也未必不是我的。万事万物的因果链条结成一张网，世界是一个整体，只要世界上还有一人没有解脱，涅槃就是不彻底的。大乘佛教的菩萨，就是悟道之后普度众生的，他离成佛只有一步之遥，可是当他一旦涅槃,他就堕落成为只图自了的阿罗汉。大乘佛教给出了成佛的可能,只不过是将它摆在了无穷远的位置,涅槃成了一个永无止境的过程。龙树说,这个过程本身就是一种涅槃。涅槃与世间,没有多少分别。

不过,分别还是有的,就在于一个人是智慧还是愚痴。既然愚痴是苦的根源,那么智慧就是度脱的途径。度脱的途径可以细分为六种,前五种叫做布施、持戒、忍辱、精进、禅定,目的是灭掉贪婪、侮慢、嗔怒、弛堕、散乱这五种愚痴。愚痴灭尽,最终作为福报的"第六度",也就是智慧,便水落石出般地显现出来。

3. 主静无欲，继天立极

孔子说尧舜周公是圣人，后世儒者说孔子是圣人。老子也讲圣人，庄子不惟讲圣人，还讲神人、至人。智圆则将佛陀称为大圣人。汉儒说，圣人即是应天而生的王者，他建立法度，隆礼作乐。今天的人则喜欢说"圣人也是人"。

对于"圣人"的定义，关系到一家学问的要旨。《原道》中说："仁与义为定名，道与德为虚位。"圣人，也可以说是一种虚位，赋予圣人一词怎样的内容，则是一种定名。周敦颐《太极图说》意义就在于，它确立了宋儒的"圣人观"。

> 无极而太极。太极动而生阳，动极而静；静而生阴，静极复动。一动一静，互为其根；分阴分阳，两仪立焉。阳变阴合，而生水、火、木、金、土。五气顺布，四时行焉。五行，一阴阳也。阴阳，一太极也。太极，本无极也。五行之生也，各一其性。无极之真，二五之精，妙合而凝。"乾道成男，

太极影壁
摄于江西龙虎山上清宫

坤道成女",二气交感,化生万物。万物生生,而变化无穷焉。

惟人也,得其秀而最灵。形既生矣,神发知矣。五性感动,而善恶分,万事出矣。圣人定之以中正仁义而主静,立人极焉。故"圣人与天地合其德,日月合其明,四时合其序,鬼神合其吉凶"。君子修之吉;小人悖之凶。故曰:"立天之道曰阴与阳,立地之道曰柔与刚,立人之道曰仁与义。"又曰:"原始反终,故知死生之说。"大哉《易》也,斯其至矣!

科学也是个发展的过程:宇宙开辟,从无到有,气态的物质浮沉升降，继而产生各种元素，然后由无机物质发展出有机物，低等生命进化成高等生命……今日有学者发现，当代英国科学家邦迪（Hermann Bondi）、霍伊尔（Fred Hoyle）、戈尔德（Thomas Gold）三人提出的"稳恒态宇宙模型"，与周敦颐"无极而太极"的思想颇为类似。但是，可以肯定地说，周敦颐绝对没有这类想法。因为周敦颐想要论说的，不是这个世界曾经发生过的演变，不是一种"宇宙论"。"宇"意为空间，"宙"意为时间，周敦颐的无极太极、阴阳五行，与时空无关。

无极而太极

"极"，义为法则；"太极"犹如说"绝对法则"。而"无极"这种说法，以往的儒者是不讲的。庄子用它来形容广漠无边，老子则用它指称人心之初一种混元朴素的状态。这两种含义与周敦颐所说的"无极"并不相同，却有助于我们的理解。

《易经》说："形而上者谓之道，形而下者谓之器。"所谓"形而上"，近似于老子所说的"无"，无形迹，无穷绝，无以名状，只是将它形象化地称为"道"，它是天地万物的根本。而"形而下者"，如器用形名、礼仪制度、物理规律等，则是"道"的体现。得以体现的"道"在这里又成为了"有"。

因此老子说，有与无"同出而异名"，并不是两样东西。王安石说："道，一也，对它的描述却有两种，即有、无。昏蔽的人才会割裂来看，以为有、无不能并存。"二程则说："道也就是器，器也就是道。"

所谓"太极"，就是这样一种"无"，所以周敦颐又将它称为"无极"。

被称为"无极而太极"的至道，好比是天，如在人之上，如在人之左右。当人抬头仰望时,看到它高悬于头顶,其实人却正在它的怀抱之中,是它的一部分;它虚明无迹,却是亘古不变的湛色;它没有一丝造作,然而昼夜交替,四时运行,有条不紊。"天何言哉?四时行焉,百物生焉。"庄子也不禁感叹道:"天之苍苍,是它的真正本色吗?还是因为它高远而无穷呢?"朱子说:"上天承载万物,没有声音,没有气味,却实为造化的枢纽、品物的根柢。因此说:"无极而太极。"

这里有一个问题:"太极动而生阳,静而生阴",道理怎么会有动静?

周敦颐莞尔一笑,说到:

> 动而无静,静而无动,物也。
>
> 动而无动,静而无静,神也。
>
> 动而无动,静而无静,非不动不静也。
>
> 物则不通,神妙万物。

程颐说:"天下之理,没有不动却能够恒常的。"易,本是变动的意思,可是《易经》中却说"寂然不动,感而遂通天下"。可以想象,一个东西如果变动不居,它便有趋向,有偏倾;如果静止不动,它便沦于死板,陷于滞塞。而太极却能够动而无动,静而无静。

它无形无迹,不息不竭,称为"无极";它绝对至善,亘古不易,称为"太极";它是万物变化之理,称为"易";它真实无妄,不偏不滞,称为"诚";它妙应万事,发端则幽微不显,扩充则周遍无穷,称为"神";它昭彰而又精致,清澈光明,称为"理";它在万物之上得以体现,就像将法则落实为号令,在天则称为"命",在物则称为"性";它在时时处处的体现无不允当,称为"中";它是君子修身进德之途的根本，称为"道"。

阴阳五行

太极有动有静，称为天命流行。《易经》的一个基本理念就是，万物都处于永不停息的变动中，而变动是周而复始的。随着事物的变易，太极作出恰如其所的表达，正如流动一般。太极之动，在于万物之生；太极之静，在于万物之成。万物生生不已的特性为阳，为仁；万物成熟收敛的特性，为阴，为义。动静二者若离若即，假如事物长久地静止，很快就会僵化，沦为死寂；一味地运动，则又会像老子说的"飘风不终朝，骤雨不终日"，依旧是横生暴死。因此，要永恒，必然要变动，要变动，又必然要动静交替，"一动一静，互为其根"，缺一不可。又因为事物总是处于动静之间，必定具有阴阳之分，所以，"分阴分阳，两仪立焉"，确定不移。

古人观察到，火明亮躁动，中心却虚静；水冷暗沉着，其中却清澈。因此认为，火之性阳而根于阴，水之性阴而根于阳。阳向阴转变之时，则生水；阴向阳转变之时，则生火。水、火是天地间的清轻之气，继它们之后，天地间又生出木、金两种重浊之气，四气交运，又生出土这种混融平中之气。五气在天地间运行的顺序为木、火、土、金、水。古人认为，由此就产生了四季的更迭。而夏至一过则昼短夜长，天气转冷；冬至一过则昼长夜短，暖意渐生。五行运转之间，亦有着阴阳此消彼长的交替。

"五行，一阴阳也。阴阳，一太极也。太极，本无极也。"周敦颐将阴阳五行又推本回无极太极，是为了提醒我们：并不是说阴阳生成五行，阴阳就没有了，五行即阴阳，阴阳即太极，而太极与无极，更不是两个东西。阴阳五行，不外乎"无极而太极"的浑然一体。另一方面，五行有各自的禀质，合而为一，分而为五，明晰可辨。

万物

古人喜欢将抽象的运动、不可名状的事态都笼统称为"气"。比如四时可以称为四气，五行称为五气，阴阳称为二气，甚至连太极，有时也被不甚恰当地称为

五行示意图

五行学说始于春秋战国时期，不仅儒家对其有所取舍，道家、医家等各类学术都吸纳了它的思想，五行生克是现在最常见的讲法

"元气"。世上之物虽品类万殊，但它们各自的特质，都不外乎这些"气"在不同程度上的经纬错综，因此总体上也不外乎是依循着或乾健或坤顺的方式繁衍生息。乾健之气是为父之道，坤顺之气是为母之道，这即是《易经》中"乾道成男，坤道成女"的意思。

万物都有各自的禀质，精粗不一，但都有着完整的天命之性在其中。朱子说，万物共有一个太极，物物各有一个太极。这其实很好理解，既然天命是唯一的，每人有一个天命，两人合起来也不会有两个天命；两人共有一个天命，分开来也不会是每人半个天命。周敦颐说得非常精练："二气五行，化生万物。五殊二实，二本则一。是万为一，一实万分。万一各正，小大有定。"

人极

　　《太极图说》的第一段已经完成了对图的解说，第二段则是图外之言。假如周敦颐只画图不解说，或者解说只有第一段而没有第二段，那么《太极图》就不会有特别的价值。"人极"一词，汉代以后的人用在诗文中，意指人伦纲常。周敦颐将它与《易经》的"太极"相绾合，可以说是个创举。

　　周敦颐认为，人与其他万物的区别在于，万物蒙昧无知，惟有人禀得天地之清粹，有可能不失去天性的完整；而圣人与众人的区别在于，圣人真实地保全了他的天性。

　　人的形质确定不移，属阴；精神变动不拘，属阳。有阴阳，便有五行的生成。有阴阳五行，便有阴阳五行的更迭运作、交杂混融。所谓"欲"，就是人的禀质在受到外物感发时产生的动荡。周敦颐说，人们"欲动情胜"，被事物的利害得失牵引，私意之蔽杂于其间，因此就有了善恶之分，万事之出。

　　圣人不会在禀质的攘杂中迷失。周敦颐说："圣人之道，中正仁义而已矣。能保守它，则尊贵无上；能践行它，则无往不利；能将它扩充广大，则可以与天地并立。"作为天地法则的呼应，圣人树立起人的法则。儒家讲"圣人立法"，不是说圣人制定国家的宪法，而是说圣人本身就是天地法则的具体体现。此外，既然圣人之道本于人的天性，并非是外在的，那么人只要尽心求索，就能够达到。达不到的，只不过是守之不坚，行之不笃。

　　周敦颐所说的"仁义"，我们已经很熟悉了。关于"正"，他说："动而正，曰道。用而和，曰德。不符合仁义礼智信的动，都是邪动。

邪动辱身害理，所以君子慎动。"所谓"用而和"，来源于《中庸》：人性的发用即是情（犹如太极的动静）；情发而合理，称为"和"；当其未发之时，称为"中"。关于"中"，周敦颐说了一句有些令人费解的话："性者，刚柔善恶，中而已矣。"周敦颐自己也知道这句话难解，便解释说："刚善，为义，为正直，为果断，为严毅，为干练；刚恶，为凶猛，为狭隘，为强横；柔善，为慈，为顺，为恭逊；柔恶，为懦弱，为寡断，为邪佞。只有中和，才是圣人之事。"

因此，所谓的"中"，既不是无善无恶不刚不柔，也不是或善或恶又刚又柔，它毫无暧昧的意味，反而极果断，极分明。它就是：无论刚柔，都能够取其善而弃其恶。而使人动静不失中正的，便是绝对法则，至善之性。

如何能够秉持极则，操存至善？周敦颐给出的方法是：主静。这并不是教人静坐，而是教人在入理愈精深的过程中，心境愈益清明，免除情绪荡溢之蔽，以不动之诚，达到动静周遍，神应万物。

圣蕴

"人极"后面的话，就都是《易经》里的了。人与天地并立为三，太极在天则表现为阴阳之气象，在地则表现为刚柔之禀质，在人则表现为仁义之德行。圣人如天，往往是缄默的。孔子教育人，只是在对方思之而未通、存之而未明的时候给予适当的启发。周敦颐说："圣人立教化，不过是帮助人自易其恶、自至其中而已。"孔门之下，唯有颜子能够发圣人不言之蕴，"仰之弥高，钻之弥坚，瞻之在前，忽焉在后，夫子循循然诱人……"

周敦颐说："圣人画卦以示人。假如没有《易经》，圣人的精蕴恐怕就不得而知了！"《易经》教我们推寻生命的本原与归趋。我们实现了生的意义，便学会了如何面对死。

历史问题

道教以及汉唐时代的儒者，如孔颖达，认为太极是天地之初的"元气"。一些宋儒扬弃了这样的看法，比如王安石说，人性即是太极。在今天，许多学者对《太极图说》的解释仍停留在"宇宙论"的层面上，并且认为无极就是元气未生之时。我们很容易想到：如果说太极是宇宙之初的元气，那么人极，是人身体里小宇宙的元气吗？

周敦颐去世 70 年后，已是南宋之时，学者祁宽广为搜罗周敦颐的著述，从几位程门后学那里得到了《通书》的几种版本，又在周敦颐九江的家中得到了另一种版本。它们之间的个别文字有出入，但最大的区别是，程门本都在书后附有《太极图》（当然也包括图说），家传本则没有。祁宽参照了各个版本，将《通书》校订出版。后来，朱子又将《通书》校订出版过三次。他第二次校订之后，有人拿出了一部"家传本"《通书》，而且是附《太极图》的。朱子于是又拿这个版本作为参照考订，却发现《图说》的第一句是"无极而生太极"。多了一个"生"字，可谓点金成铁。

问题在于，当年祁宽已经明确记载说家传本并没有图，那么，这个后

朱子像
朱熹（1130～1200 年），字元晦、仲晦，号晦庵，别号考亭、紫阳，南宋徽州婺源（今江西）人，南宋理学家、教育家

来出现的"家传本"应该很可疑。当时，周敦颐的伪作并不少见。据潘兴嗣记载，周敦颐平生著述有《太极图》《易说》《易通》。《易通》应该就是《通书》；《易说》应该就包括周敦颐寄给傅耆的《姤说》和《同人说》，但南宋时都失传了。有人拿出了一本《易说》给朱子看，里面竟然有"《易》蒙蔽天下，就像养猴人骗猴子"这种让人跌破眼镜的话。

与朱子同时代的历史学家洪迈，编纂国史时收录《太极图说》，将第一句改作"自无极而为太极"，就更加不明不白。历史上并未记载这句话的版本依据。或许当时的学者也是搞不清"无极而太极"，不添动字句，便无法理解。

南宋的象数易学家朱震说，《太极图》是道教的陈抟传给种放，种放传给穆修，穆修又传给周敦颐的。这一惊天秘闻，似乎潘兴嗣、蒲宗孟都毫不知情，我们无法考证朱震是如何得知的。穆修是一位文学家，世人从没见他写过道教论著，而且他去世时周敦颐只有十几岁。后人推断，朱震这样说，可能是想统合北宋的易学，将其都纳入象数。令人汗颜的是，宋代的道教典籍，反倒一致认为《太极图》是周敦颐的独创，直接称之为《周氏太极图》。南宋以后的人据此又画了《无极图》《水火匡廓图》等，丰富了道教的理论。

南宋有人还在山里发现了周敦颐的一首诗：

始观丹诀信希夷，盖得阴阳造化机。
子自母生能致主，精神合后更知微。

这首诗中所说的"丹诀"，是道教的《阴真君丹诀》，讲的是炼丹术，加多少汞，放多少铅，炼多少火候。希夷就是陈抟，他为这篇丹诀写过注释。但周敦颐在这首诗中,其实是将道家的复归天地之说解释成了"圣人与天地合其德",颇有创意。

明清之际的学者为"太极图授受"的故事添油加醋,于是周敦颐的师傅成了莫须有的僧人寿涯。然而,那首被冒充为寿涯所作的《先天地偈》,其实与佛教思想毫无关系。它直接脱胎于《老子》中的一句话:"有物混成,先天地生,寂兮寥兮,独立而不改,周行而不殆,可以为天地母。"

不只从生平事迹上很难看出周敦颐有任何"儒释互补"的倾向,就是在学术上,濂学也与佛教扯不上什么关系。唯一有史可稽的是周敦颐说过一句话:"一部《法华经》,只消一个'艮'字可了。"

无欲

太极图
古代绘画

《易经·艮卦》讲的是关于"止"的事情:"当止之时则止,当行之时则行。适时而动静,其道光明。"君子刚毅沉潜,如山一般岿然不动,大公无私。佛教讲息心绝虑,方法称为"止观",周敦颐因此说《法华经》讲的不过是艮道。

人在利害牵引、私意蒙蔽中流连忘返,便是《礼记·乐记》中说的"灭天理而穷人欲"。见理不明,就是欲。具体的表现,比如苏东坡在《茂叔先生濂溪诗》中所说的,世人"怒移水中蟹，爱及屋上乌"，就是一种人欲泛滥。又比如王逵、蒲宗孟执法，遇到恶人就杀，所谓疾恶如仇，未免不是为私意所昏。对于为恶之人，刑法的目的可不是铲除他们，而是教戒他们。

周敦颐长期主刑，他知道主刑之人掌管着百姓的命运，法条是有限的，事态的变化却是无穷的，要想达到公正，谙熟典律尚且不够。他说："公于己者公于人，未有不公于己而能公于人者也。"公，不是一种做事情的方式，而是一个人的品质。周敦颐说："学习圣人的关键，在于无欲。无欲就能达到静虚、动直。静虚则明，明则通彻；动直则公，公则广大。"又说："圣人之道，至公而已。因为天地之道至公而已。"

周敦颐说：君子乾乾不息，但是也要惩忿窒欲，迁善改过，才能达到至诚。关于"主静"，他说："无欲故静。"颜子能够不迁怒，非主静无欲不可。

关于"明通"，周敦颐又说：明，就是无疑。通，就是无思。如何能达到无思呢？是通过思。这看起来有些吊诡，不过理解起来却并不难：善于思索，就能知几通微，然后才能聪明睿智，不思而通。无思而无不通，为圣人。

小知识◎践形

后世儒者常常将张载的《西铭》与周敦颐的《太极图说》相互参照，周敦颐讲了天是如何赋命于人，张载则讲了人该如何复命于天。

"天人合一"的理论，在汉代就很盛行。汉儒说，天将动物生成匍匐状，唯独人顶天立地，头顶是圆形，而站立时双脚踏出一个方形，如同天圆地方。这样讲，总有些神秘论的意味。宋儒说，天地生人，肯定不会是无意义的，但意义不单是在身形上。人并不是生而高贵，如果甘心作恶，无疑是自暴自弃；如果伤天害理，便有如贼寇；唯有活得像个人，他才不枉生得一副人形。张载说："践形曰肖。"肖意为"相像"。

张载（1020～1077年）
字子厚，因家在郿县横渠镇，被世人称为横渠先生，北宋理学五子之一，有《正蒙》《经学理窟》等著作，著名的四句教"为天地立心，为生民立命，为往圣继绝学，为万世开太平"就出自《正蒙·乾称篇》

我们骂一个人"不肖",意思就是他不做人事,不像人样。

张载说:乾称父,坤称母。我处在天地间,如此渺小,然而天地气质就是我的身体,天地精神就是我的心性。生民是我的同胞,万物是我的伙伴……我们既然与天地万物骨血相连,他人的困苦,也就不异于自身的痛苦。到这里我们也就能够理解伊尹为什么"一夫不得其所,若挞于市"了。

《太极图说》说"原始反终",《西铭》则说"存顺没宁"。做人如能俯仰无怍,生则顺道而行,死则理得心安。孔子说:"人能弘道,非道弘人。"人经过一番自觉和努力,终于"成为"了人。儒学,我们也可以说它是"实践性"的。只不过在这里,实践不是用来检验真理,而是用来实现真理。

◎儒与佛之不同

儒家讲无欲,是要达到公明,复归善性。而在佛教,欲(愚痴者对恒常自性的贪爱)是众苦之源,灭欲就等于灭苦。"欲"字在两家的含义根本上已有不同,之所以引起混淆,是因为佛教有些宗派是讲心性的:心是在瑜伽行为中体验空寂的一种功能,性就是成佛的潜质,与儒家的思路也全然不同。流行于中国的禅宗就喜欢讲心性,以为一念之间佛性顿开,人便成了佛。最有趣的是"棒喝禅",度脱人的工具不是车乘,而是棍棒。比如有人前来问法,禅师毫不留情地给他当头一棒,打完问道:"悟了吗?"来人一脸茫然,若有所思地回答:"……悟了!"

龙树菩萨悟了道,便教人学习言辞、逻辑、医术、工农商业之类的实学。禅宗这帮人悟了道，便整日清谈打坐，欢乐多多。佛教之所以可敬，是因为它对人自身严苛的反省。禅宗人则不知反省为何物，讲话追求的是圆融，明辨是非尚在其次。其理论是什么样，可想而知。

末了，来思索一个问题：假如一切事都严格被它的原因决定，会发生什么情况？那就是，从宇宙的开始，一切就已经注定了，假如人现在去杀人放火，那不是人的错，而是"命中注定"的。

为了不这么滑天下之大稽，只能认为，人是可以不受自然因果律限制的，他有自我意志。这被西方人称为"自由"。脱离轮回，证得涅槃，也就是证明了人的自由。佛教用否定的方式将一切不自由的虚妄统统抹杀，不借助任何神明之类的东西。但是，自由了要做什么？佛教就没有办法讲了。

儒家是要做事的。如何能说人所做之事是出于自由？因此，儒家必须有一个超越的"形而上者"，那便是天命，是至善之性，是无极而太极。正当即自由。

此外，佛教将人生苦难归结为愚痴，就等于是罔顾世间的祸乱。在"智度"的观念下，想要救世，就必须让世上每一个人都得有智慧，而这似乎有些遥远。僧徒于是不得不兜售速成法，比如棒喝，比如念佛。人们在流离困苦中寻求解脱，是迫不得已。当人们带着尊重（而不是智慧的优越感）去体察众人的愿望之时，则会发现，他们所期求的，不过是善政之下一种安适而有尊严的人世生活。

4. 复礼归仁，教化亿兆

"儒教"这个词在汉代就有，晚清时康有为搞"孔教运动"，才把"教"解作"宗教"。事实上，古人所说的"儒教"不是指一种宗教，而是指教化。圣王修善政，民人不晓得道为何物，却都能够遵道而行，活得安适而有尊严。这就叫做教化。周敦颐说："天道行而万物顺，圣德修而万民化。"

所以儒家讲的德治，不是树立一个道德典范，标榜鼓吹让人们学习，以此巩固统治，而是营造一种本身就具有德性的政治；另一方面儒家也并未轻视法治，而是将它置于德治之内。其实，宋代的法律已经堪称完备，执法的公开透明，可能也不亚于今日。说古代没有法治，是一种虚妄之谈。周敦颐说："天在春季使万物生长发散，在秋季则使之成熟收敛。圣人以仁政养万民，民人逸豫，便会有欲动情胜，利害相攻，所以要制定刑法，以义节之。"德治与法治相辅相成，共同组成一种更广义的德治，如同阴阳合而为太极。

不过，人君并不能等同于圣王。对于人君而言，周敦颐认为，最重要的是"纯心"。心纯,方有贤才来辅佐,这样,人君所不及圣王之处,也便得到了补充。

周敦颐又讲到礼乐。礼乐是教化的最高理想。孔子对颜渊说:"有朝一日能够克己复礼,天下便回归仁道了。"而乐,更是礼的升华。礼,就是万物各得其理,它如果单纯作为一种社会规范,则不足以称为礼。它要唤醒人心中的仁,与之共鸣,使人从容和悦,这样才有乐教。

周敦颐说:"先王制礼法,修教化,百姓安顿,万物有条不紊。于是先王作乐来宣畅八方的和气,平抚天下人之心。古乐淡而不伤,和而不荡,人们听了之后,入于耳,感于心,心中欲平躁释。优柔平

清代"孔子问礼乐至此"碑
传说孔子曾向老子问礼乐之事。清代雍正年间有人刻了这方石碑,今天仍保留在河南洛阳老城区东关

中的音乐，使人们化归于天性，上天之气也就因此而和谐，万物安顺，神祇感通，这是德治的极点。"

"乐本于政。政治倾颓、世风败乱之后，古乐已不能让困苦的人们有感于心。取而代之的是淫怨之声，人们听了之后愈益悲伤，不能自止。杀君弃父、轻生乱伦的人也就层出不穷了。"

"和淡的乐声、美好的歌辞可以移风易俗，妖声艳辞也是如此。"周敦颐如是说。

小知识◎三纲

"纲"指的是结网用的大绳，用来指代人伦关系中最重要的三种：君臣、父子、夫妇。关于"万物各得其理"，周敦颐说："君君，臣臣；父父，子子；夫夫，妇妇。"

这话原本是孔子对齐景公说的。齐景公听了以后很高兴：假如不这样，天下有饭我也吃不上了。听到齐景公这样说，孔子就没再说话了。但是细心读《论语》的人都能看出，齐景公误解了孔子的话。

之所以先说君后说臣，是因为君是臣的帅导，父子、夫妇亦然。君主暴虐昏庸，就难免遭到乱臣篡弑；父亲不尽教育儿子的义务，儿子就会变成不肖之人。君不君则臣不臣，父不父则子不子，夫不夫则妇不妇，这是从历史客观来看的。不过，孔子作《春秋》，笔诛乱臣贼子，可不是在编史书以为借鉴，而是要正王道，明大法，立圣经。

原则是唯一的，但是人处在不同的情形下，原则就会有不同的体现。人伦的根本，在于"忠恕"。尽己所能称为忠，推己及人称为恕。君的本分是安民立教，臣的本分是上佐君王、下施政令，父的本分是教子，子的本分是奉亲，君臣父子夫妇各尽本分，称为忠。他人没能尽其本分，我不是背弃他，而是以我之力劝导他，匡范他，这就称为恕。

以父子而言，既然为父与为子秉持的是同样一个原则，那么，假如我的父母有过失，我就因此背弃他们，同样损害了原则的我，又有什么资格指责父母？父母率先犯错，并不能成为我犯错的条件。原则之所以为原则，就是因为它是无条件的，一个"自由人"对原则的奉持，不会被处境左右。

舜的父母时常想杀他，舜每次都设计逃脱，不仅活得毫发无伤，而且还更加孝顺父母。伊尹耻其君不为尧舜的做法，也不失为一个光辉典范。

结语

在洛阳的一个庭院里，远离熙宁时局的二程潜心著书讲学，不问政事。程颢的书窗前杂草众生，旁人劝他除了，他却说："想时时见到天地造物的生意。"

德国人说："教育是一棵树摇动另一棵树，一朵云触碰另一朵云，一个灵魂唤醒另一个灵魂。"隔着多年的时光，二程对于那位曾唤醒了自己灵魂的长者，会是怎样的感情？

程颢给门人讲，自己年少时喜欢田猎。与周茂叔分别12年后，在田间看到打猎的少年，不禁满心欢喜。

程颐听邵雍谈天论地，怅然地叹道："平生惟见周茂叔论及此。"

二程时常向人提起自己的老师是周茂叔，并讲述自己与周茂叔交往的故事……

程颐的门人侯师圣向程颐请教问题，程颐为他讲解，他却听不明白。随后有好长一段时间，程颐都没见到他，等到再见到时，侯师圣整个人都换了一番气象。程颐惊叹道：难道你去找周茂叔了吗？果不其然，侯师圣消失的那一段时间是去庐山拜访周敦颐了。周敦颐与他秉烛夜谈。后来流传下来的程门本《通书》，可能就是侯师圣拜访周

理学名著《二程全书》
理学名著。图为清康熙二十五年(1686年)的刻本，全书五十一卷，附《拾遗》一卷，由程子廿二代孙程湛重订

敦颐后带回去的。

朱熹的老师李延平师承程门，曾为朱子讲解濂学。朱子在濂学上用心数十年，他的研究是后人难以超越的高峰。朱子的弟子度正撰写了《濂溪先生年谱》，其中珍贵的史料，几乎都是朱子传给他的。朱子的好友张栻也很仰慕周敦颐，称周敦颐为"道学宗主"。

最推崇周敦颐的，大概要数明末儒者陆世仪。此人对周敦颐的热爱简直超乎寻常。他说，程朱论性，千言万语都不及一句"刚柔善恶中"。他还说，世人认为周子仅次于孟子，真是看低了，周子实际上仅次于孔颜，应该称为"亚圣"才对。

周敦颐一生立身行事，的确有圣贤襟怀。孔子曾对颜渊说："用之则行，舍之则藏，唯有我与你能够做到。"周敦颐也对潘兴嗣讲：古人可以入仕，可以止歇，不期望一定要做什么。我们从少年束发之时开始为学，期望能够施展才术，泽及生民。必不得已，止未晚也。潘兴嗣作《濂溪先生墓志铭》，写道：

> 人之不然，我独然之。
> 义贯于中，责于自期。
> 谄谀日甚，风俗之偷。
> 乃如伊人，吾复何求？
> 志固在我，寿则有命。
> 道之不行，斯谓之病。

周敦颐将仁道不能施用于世当做自身的痛苦，不因为怕被世俗染污而隐逸逃世。孔子说："不曰坚乎？磨而不磷。不曰白乎？涅而不缁。"周敦颐笔下莲花"出淤泥而不染，濯清涟而不妖"的品格，正与此遥相呼应。

魏晋南北朝佛教流行，赞美莲花的诗赋俯首可掇，唐宋文人对于莲花的歌咏也是空前绝后。自古爱莲者颇多，如曹植、江淹、李白……佛学之爱，当然也是"宜乎众矣"，然而周敦颐却不免寂寥地叹道：

莲之爱，同予者何人？

《爱莲说》插图
周敦颐在《爱莲说》中，通过对莲形象和品质的描写，歌颂了莲花坚贞的品格

《茂叔爱莲》
清末画家吴友如的白描人物画。图中周敦颐的形象是一个和蔼长者,他正在给一个童子讲解莲花的特性和品格

周敦颐之前,莲花时而作为香草美人,时而作为佛门清净心,时而作为女子对异性的思慕,被人们写入诗赋;周敦颐之后,莲花的品格挺立了起来,清健的风骨融入到一个民族的血液中。

南宋之初,陈与义抗金无望,咏荷以表达拳拳之意:

去年长恨拏舟晚,空见残荷满。

今年何以报君恩?一路繁花相送到青墩。

而到了明朝覆灭之后,在八大山人那饱蘸家国之痛的笔下,莲花已化为一颗孤臣孽子之心。

鲁迅是周敦颐的后代,他刻薄儒家,痛恨道学,不过对祖上这位道学宗主,却是颇有好感:

芝裳荇带处仙乡，风定犹闻碧玉香。
鹭影不来秋瑟瑟，苇花伴宿露瀼瀼。
扫除腻粉呈风骨，褪却红衣学淡妆。
好向濂溪称净植，莫随残叶堕寒塘。

所谓的"旧世界"已经枯朽凋亡，鲁迅却并不希望士人精神也随之沦没。

人们都会感到对现实无力，唯士人有守死善道的勇气；人们都向往安适，唯士人能将他人的安适视为自己的理想；人们放心驰骋于诸子百家，唯士人知道什么是流连光景，什么是颐养天和，什么是生活情趣，什么是值得自己为之付出生命的信仰。人，贵在纯粹。

当世，真正了解周敦颐的人寥若晨星，因此黄庭坚称他"陋于希世而尚友千古"。那是在他去世后，二子周寿、周焘请黄庭坚作词。词序之首，就是那句流传最广的赞语："舂陵周茂叔，人品甚高，胸怀洒落，如光风霁月。"

八大山人《荷石图轴》
朱耷，号八大山人，是明末皇室遗民。满族入关后他因不愿剃发易服，遂出家为僧，隐居作画。他的作品以清峭为特点，寄托亡国之恨

图书在版编目（CIP）数据

理学开山祖师：周敦颐 / 王亦然著. —郑州：中州古籍出版社，2014.10
（华夏文库）
ISBN 978-7-5348-4830-8

Ⅰ.①理… Ⅱ.①王… Ⅲ.①周敦颐（1017～1073）–人物研究 Ⅳ.①B244.25

中国版本图书馆CIP数据核字（2014）第138528号

华夏文库·儒学书系
理学开山祖师：周敦颐

总 策 划	耿相新　郭孟良
责任编辑	李颜垒
封面设计	新海岸设计中心
版式设计	曾晶晶
美术编辑	曾晶晶
责任印制	刘新毅
项目统筹	单占生　萧　红（执行）

出　版	中州古籍出版社
	地址：河南省郑州市经五路66号
	邮编：450002
	电话：0371-65788693
经　销	新华书店
印　刷	河南新华印刷集团有限公司
版　次	2014年10月第1版
印　次	2014年10月第1次印刷
开　本	960毫米×640毫米　1 / 16
印　张	7.5印张
字　数	60千字
印　数	1–3000册
定　价	20.00元

本书如有印装质量问题，由承印厂负责调换